LE CHATEAU
DE
FONTAINEBLEAU

AU XVIIᵉ SIÈCLE

D'APRÈS DES DOCUMENTS INÉDITS

PAR

EUGÈNE MÜNTZ ET ÉM. MOLINIER

PARIS

1886

LE CHATEAU DE FONTAINEBLEAU

AU XVIIe SIÈCLE

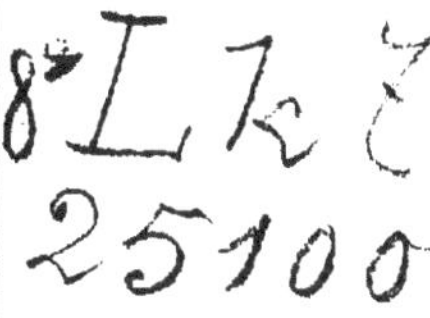

Extrait des *Mémoires de la Société de l'histoire de Paris et de l'Ile-de-France*, t. XII, 1885.

LE CHATEAU

DE

FONTAINEBLEAU

AU XVIIe SIÈCLE

D'APRÈS DES DOCUMENTS INÉDITS

PAR

EUGÈNE MÜNTZ ET ÉM. MOLINIER

PARIS
1886

LE CHATEAU DE FONTAINEBLEAU

AU XVIIe SIÈCLE

D'APRÈS DES DOCUMENTS INÉDITS.

I.

LE CHATEAU DE FONTAINEBLEAU

EN 1625,

D'APRÈS LE *DIARIUM* DU COMMANDEUR CASSIANO DEL POZZO.

Le voyage que le cardinal-légat François Barberini, neveu du pape régnant Urbain VIII, entreprit en France en 1625 a donné lieu à deux relations ou *diaria* dont l'intérêt n'a pas été suffisamment apprécié jusqu'ici[1].

La première de ces deux relations est l'œuvre de César Magalotti, chevalier de Malte, et l'un des officiers de la suite du légat[2]. La plus ancienne rédaction que nous possédions du travail de Magalotti est conservée à la bibliothèque de la Minerve (n° XX, IV, 9); elle se compose de 363 feuillets numérotés, et n'a ni titre, ni nom d'auteur. On s'est donné beaucoup de mal pour découvrir ce dernier, alors qu'il suffisait de comparer le manuscrit de la Minerve à celui de la Corsinienne (n° 242, 196 feuillets numé-

---

1. Je ne parle que pour mémoire de deux autres ouvrages se rapportant à la même légation : l'un a pour auteur le P. Sirmond, l'autre est dû à Rodolphe Boterus. « Hanc legationem gallicam descripsit vincta oratione Jacobus Sirmundus, Soc. Jesu, et soluta Rodulphus Boterus, Gallus, in tomo tertio *Annalium* » (Ciacconio, *Vitæ et res gestæ romanorum Pontificum*, éd. de 1677, t. IV, p. 525). On cite en outre une relation rédigée par le fils de Sully, le marquis de Saint-Chaumont.

2. Un parent de César Magalotti, Charles Magalotti, accompagnait le légat en qualité de majordome; il mourut en route.

rotés) pour résoudre le problème. Il est vrai que le titre des volumes est propre à dérouter les recherches plutôt qu'à les diriger : *Relazione et Diario de' Viaggi di Francia e di Spagna dell' Eño e Rño Signore C. Francesco Barberino, quando andò legato a latere della S. P. di PP. Urbano ottavo all' una e l'altra corona l'anno 1632, descritta dal cavalier Magalotti.* Tels sont les mots tracés sur le frontispice par un possesseur qui n'a évidemment pas pris la peine d'ouvrir le volume, autrement il aurait vu, dès les premières pages, qu'il s'agissait de la légation en France, de 1625, et nullement de la légation en Espagne, de 1632. Mais, en rapprochant le texte des deux manuscrits, on ne tarde pas à acquérir la conviction que l'exemplaire de la Corsinienne ne nous offre, en réalité, qu'une forme plus définitive de la relation conservée à la Minerve : c'est ainsi qu'il débute, comme celui-ci, par l'exposé des affaires de la Valteline; puis viennent des séries de pages absolument identiques dans l'un et l'autre manuscrit; tous deux, enfin, se terminent par l'annonce d'un nouveau travail sur la légation d'Espagne.

Le *diarium* de Magalotti est celui dont les copies sont le plus répandues dans les bibliothèques italiennes et françaises[1], mais il nous intéresse moins que la relation dont nous allons parler, parce qu'il n'accorde que peu d'attention aux œuvres d'art conservées dans les villes visitées par le légat.

Le second *diarium* se trouve à la Bibliothèque nationale de Naples, où il est enregistré sous le n° X, E. 54. C'est un volume de 484 feuillets, sans titre, ni nom d'auteur. Les ratures qu'on y rencontre en assez grand nombre ont induit l'auteur de l'excellent catalogue de la bibliothèque à penser qu'il avait devant lui le manuscrit original. De prime abord, cette opinion nous a paru sujette à caution; il nous semblait, en effet, plus vraisemblable de chercher l'original dans la richissime bibliothèque de la famille Barberini à Rome, où sont conservés, avec un soin jaloux, d'in-

1. Bibliothèque Barberini, n° XI, A, 36 (ancien n° 1182) : *Viaggio di Francia dell' eminentissimo e reverendissimo sig. cardinale Francesco Barberino...* — Montfaucon (*Bibliotheca bibliothecarum manuscripta*, t. II, p. 845 et 118) mentionne en outre des *Négociations de M. le card' Barberin, légat en France, en 1625* (Bibl. nat.; n° 9232), et la *Légation du cardinal Barberini en France et en Espagne*, qui, de la bibliothèque de Peiresc, passa dans celle du président de Mazaugues. Voy. également le vol. 662 du fonds Dupuy, fol. 193-235.

nombrables documents relatifs à l'histoire du pontificat d'Urbain VIII. Vérification faite, il s'est trouvé que le catalogue napolitain avait raison. La Barberine ne possède qu'une copie ancienne (nº 2870, pet. in-fol., 484 feuillets numérotés), qui est, à n'en pas douter, la transcription textuelle du manuscrit de Naples; en effet, cette copie, qui est sans ratures, reproduit les moindres corrections contenues dans celui-ci; elle respecte jusqu'à la pagination de l'original.

Mais, si l'exemplaire de la Barberine ne saurait plus longtemps prétendre au titre d'original, il ne nous en fournira pas moins un renseignement qui a le plus grand prix. Nous apprenons par son titre le nom de l'auteur de la relation, le commandeur Cassiano del Pozzo, l'ami de Peiresc, du Poussin, de Rubens, de Naudé et de tant d'autres hommes célèbres, dont la gloire a trop nui à la sienne : *Legatione del signore cardinal Barberino in Francia, descritta dal commend^re Cassiano del Pozzo*[1].

En étudiant le travail de Cassiano, on est avant tout frappé de l'importance qu'il accorde aux choses de l'esprit. Ni avant, ni après lui, les rédacteurs des *Diaria* pontificaux, véritables journaux de maîtres de cérémonies, ne se sont occupés au même point, ni des hommes célèbres avec lesquels ils se sont rencontrés, ni des monuments qu'ils ont visités. On pourra s'en convaincre en examinant, non seulement les célèbres ouvrages de Burckard et de Paris de Grassis, mais encore les récits des légations du cardinal Aldobrandini en 1600-1601 (Bibl. Brancacci, à Naples, 4, H, 8), ou du cardinal Chigi en 1664 (Bibl. Corsini, à Rome, nº 243). Pour témoigner tant d'intérêt aux établissements scientifiques et littéraires de la France, pour apprécier avec tant de goût les œuvres d'art disséminées sur son passage, il fallait un esprit aussi cultivé que l'était le commandeur del Pozzo. Nul doute d'ailleurs qu'il ne fût assisté dans cette tâche par son compagnon de route,

1. Dans ses *Amateurs italiens célèbres*, M. Dumesnil a accordé une place d'honneur à Cassiano (p. 403-543). Plus récemment, M. Lumbroso lui a consacré un volume du plus haut intérêt : *Notizie sulla vita di Cassiano dal Pozzo con alcuni suoi ricordi e una centuria di lettere*. Turin, 1875, 260 pp. On doit en outre à M. Carutti un bon résumé des travaux de l'éminent amateur romain : *Di un nostro maggiore, ossia di Cassiano dal Pozzo il giovine*. Rome, 1876, 24 pp. Tous ces auteurs ont ignoré l'existence du ms. de la Bibliothèque nationale de Naples. Quant à la copie conservée à la Barberine, MM. Lumbroso et Carutti se sont bornés à la mentionner, sans chercher à en tirer parti. Voy. la *Revue critique* du 8 juillet 1876.

Jérôme Aleander, secrétaire pour la correspondance latine du légat. Aleander, comme Cassiano, et le légat lui-même, était un des plus chers correspondants de Peiresc. De là, ces mentions fréquentes faites non seulement de l'illustre érudit fixé à Aix, mais encore de ses amis, les frères du Puy, Rigaud, Bignon, Rubens. A travers l'éclat des fêtes officielles, données à Paris ou à Fontainebleau, on aperçoit dans l'éloignement des figures modestes et désintéressées, qui captivaient certainement plus Cassiano, Aleander, et peut-être le cardinal François Barberini, un des plus insignes protecteurs des lettres et des arts, que les pompes toutes mondaines de la cour de France.

Ajoutons que Cassiano remplissait les fonctions de « coppiero » du légat; il mangeait à la même table qu'Aleander et que César Magalotti.

Venons-en au travail du commandeur del Pozzo. Ce document tire tout d'abord son intérêt de la compétence spéciale de l'auteur, si supérieur pour l'appréciation des choses de l'art à notre brave père Dan. On remarquera, notamment, le soin avec lequel il décrit les chefs-d'œuvre de la peinture conservés à Fontainebleau; il nous apprend à cette occasion que plusieurs des tableaux de Raphaël, ainsi que la *Joconde* de Léonard de Vinci, avaient dès lors passé par les plus graves épreuves. Mais, même au point de vue de l'histoire de la décoration du château, le travail de l'érudit amateur romain nous fournit quelques indications précieuses. C'est ainsi qu'il nous apprend que les deux satyres de la salle de bal étaient des copies de ceux du palais della Valle, à Rome[1]. C'est ainsi encore qu'il nous révèle dans quelle partie du palais se trouvaient les peintures de Ruggiero Ruggieri. Et que de notes curieuses sur l'ameublement du palais, sur les habitudes de ses possesseurs, etc., etc.!

Il m'a paru intéressant de joindre à cette description des monuments d'art celle du banquet offert au légat par Louis XIII. C'est un monument aussi, dans son genre, un monument d'étiquette minutieuse, presque puérile. A ceux qui trouveraient que de tels détails sont oiseux, je répondrai par l'exemple des *Mémoires* de Saint-Simon, où ces questions tiennent une si grande place.

Eugène MÜNTZ.

---

1. Cf. Palustre, *la Renaissance en France*, t. I, p. 208.

UNE VISITE AU PALAIS DE FONTAINEBLEAU EN 1608 SOUS LA CONDUITE DE HENRI IV.

Avant de céder la parole à Cassiano del Pozzo, il sera intéressant, pensons-nous, de rapporter un témoignage, d'origine italienne également, qui nous montre Henri IV, à qui Fontainebleau doit tant d'embellissements, faisant les honneurs de sa résidence favorite. Ce témoignage nous est fourni par l'ambassadeur florentin, Camille Guidi, dans une lettre du 10 janvier 1608, conservée aux archives d'Etat de Florence (Mediceo, nº 4620, fol. 135 vº).

... Il Re mi fece chiamare quando andò a messa, et dopoche fu finita, mi tirò da se, et messami la mano sul braccio, come suole a molti, cominciò a mostrarmi la casa stanza per stanza, cominciando da suoi appartamenti et gallerie, et seguendo a tutte l'altre, et tutto quel che vi era di singolare, nominandomi ogni pittura rara, la mano di chi era, et il tempo, et il modo del suo acquisto, con distinguer molto bene quel che vi era de suoi antecessori, et quel che Sua Maestà vi habbia restaurato ò aggiunto. Che senza dubbio questo Re non ci ha fatto meno in pochi anni che tutti li altri insieme in tanto gran numero.

Andammo attorno due grosse hore per tutti i luoghi, et montammo per scale et sopra ponti di pittori lavoranti a veder l'opere loro, con fatica et pericolo, et la Maestà sua vi camminava et si piegava et saltava con tanta agilità et franchezza, che mi faceva stupire, et in cambio di servire io lui, aiutava egli me.

Tra l'altre cose singulari che S. M. mi mostrò fu un paio di colonne poste in opera alla porta d'una galleria della Regina, che sono di marmo nero bellissimo, che dice haverne mandate quattro ben grosse a V. A., et desiderava sapere se li son piaciute...

DESCRIPTION GÉNÉRALE DE FONTAINEBLEAU EN 1625.

Si giunse vicino a mezhora di notte nel borgo di Fonteneblò quale è grande assai. Entrato come sopra nel borgo s'andò di lungo nel castello dov'è l'habitatione reale, quivi entrato per una porta d'architettura molto buona fabbricata sotto Arrigo 4º come da una inscrittione che sopra d'essa chiaramente si vedeva della seguente maniera :

HENRICUS 4US FRANCORUM ET NAVARRÆ REX CHRISTIANISSIMUS BELLATOR FORTISSIMUS VICTOR CLEMENTISSIMUS REBUS AD MAIEST(ATI)S ET PUB(LICÆ) SALUTIS FIRMAMENTUM COMPOSITIS HANC REGIAM AUSPICATO RESTAURAVIT IMMENSUM AUXIT MAGNIFICENTIUS EXORNAVIT ANNO 1609, si passò in un cortile da essi detto delle cucine, rispetto all' esser quivi l'habitatione di tutti gli officiali che servono alla bocca di S. M.; da questo riuscimo in un altro cortile di forma lunga, et in fondo come tondo, in foggia però d'un corpo di D. fabbricato da Francesco 1° in foggia di detta lettera. Ma parendo poi al re Arrigo che riuscisse assai piccolo lo fece aprire, facendovi aggiunta di due braccia, riducendolo nella forma che al presente si vede. A man dritta di esso apunto nel mezo vi è una scala fatta in due branchi, qual salitasi dal Sr Cardinale et entrato in un po di pianerottolo dal qual si passava in un anditetto a una porta del quale a man manca entrato si fece passo in una sala parata di arazzi tessuti d'oro e seta con l'*Istorie di Coriolano*, dalla quale entrati in una stanza, et in un altra camera destinata per SS. Illma ambedue parate all' istessa maniera. Nell' ultima ve (*sic*) si vedeva il letto di velluto rosso piano, guarnito d'oro con sue pennachiere al solito, sopra il cam(mino) ancora era stato alzato il baldacchino, si come ancora nell' anticamera; oltre alle stanze sopradette vi era una retro cameretta qual serviva per guardarobba et per stanza degl' Aiutanti, parata d'arazzi tessuti con oro e seta, *Historie di dodici mesi dell' anno* di bellissima maniera... (fol. 173 v°-175 : cod. Barber., n° LX, 64).

Il seguente giorno[1] su le tre hore dopo desinare essendo comparso Bonoil s'uscì dal sr cardle. Era vestito con sottana, mozzetta e ferraiolo, col corteggio avanti et andò alla visita della principessa di Condè qual gl'uscì incontro quasi a tutto l'appartamento; seco erano le due duchesse de Ventadour vecchia e giovane, et una una piccola figliolina, chiamata come altrove da noi s'è detto Mla di Bourbon, et Mada de Villocler. Si posero tutte a sedere col sig. cardinale qual del cont(inu)o hebbe la man dritta da une parte del letto. Era la stanza della principessa parata di broccatelli verdi e gialli co lor fregi gialli e rossi. Il letto era fatto a gran trabacca in guisa di zampanari, che in Italia s'usano di taffetà naccherato guarnito con semplici frangie d'oro e seta con molte di quelle sediette piccole atorno la camera coperte di velluto dell' istesso colore. Dopo di esservisi trattenuto buon pezzotto fu SS. Illma accompagnata dalla detta principessa fuor di tutto l'appartamento, volendo ancora venir più avanti, il che però non gli fu concesso da S. S. Illma.

Calati di quivi s'andò alla visita della principessa de Conty, qual habitava al piano della sala del Ballo, venendo incontro ancor essa come sopra, accompagnata dalla contessa Fiesca e da una sua piccola nipote. Era la camera dove si ritirornò a ragionare parata di corami, si come ancora l'anticamera, nella quale vi si vedeva il suo letto fatto a trabacca, nero di fuori, come quello che era di vedova, foderato dentro di damasco bianco operato a fiori di variati colori, con una testa

1. Le 9 août.

d'un Salvatore nel stretto d'esso, cosa singolare e che per l'addietro non l'havevamo mai vista. La sala era dipinta a quadrotti ripartiti con festoni e statue di stucco a fresco con historie favolose, fra le quali la principale era degl' *Amori di Marte e Venere scoperti dal sole.*

Fu all' ultimo S. S. accompagnato all' istesso luogo di dove partito et calatosene nel cortile andò a visitare la contessa di Soisson, qual gli venne accompagnata dalla duchessa d'Aluin incontro a quattro e cinque passi del cortile. Entrati nella stanza si messero (*sic*) tutt' a (*sic*) tre a sedere da una parte del letto, che era a trabacca di damasco nero con fogliami bianchi. La stanza era parata di corami d'oro e neri, e nella cappa di un camino vi si vedeva dipinto à olio un *Banchetto degli Dei.* La stanza tutta era sparsa di verdura, come foglie di vite, canna e simili. Fu in ultimo accompagnato il s^r card^le poco più inanzi di quel che gl' era venuta incontro. Tornato all' appartamento furono a farli riverenza monsù Jolit, Avvocato del Parlamento, et dal (*sic*) P. Segusano. Se n'uscì dopo fuora in carrozza.

Udì la mattina seguente [1] messa alla qual si communicò, fù dopo visitato dal fratello dell' Arcivescovo di Lione, qual partito che fù prese un boccon di reubarbaro, non dando udienza al alcuno; si cavò ancora in detto giorno S. M. (*sic*) sangue non si sentendo interamente bene; dopo desinare gli fece riverenza Pauol Emilio nap(olita)no medico della regina regnante, et uno di Cambrai stato cameriero d' honore del S^tà (*sic*). Furono in oltre introdotti dal Marchese di S. Chaumon il Marchese di Sablé e monsù della Fertée, Capitano della guardia del fratello di S. M^ta. Non uscì il s^r card^le ad accompagnare alcuno trovandoli (*sic*) con sola zimarra da camera, per il qual rispetto ancora il s^re Pompeo Targone, che haveva risoluto di condur a farli riverenza la s^a sua moglie et una sua figliuola restò differendola ad un altra giornata. Si risolse in quella sera di andar la mattina seguente a Parigi, dandosi a effetto di ciò gl'ordini che bisognavano et avvisati quelli che si dovevano condurre....., quali furono i Prelati, il Sacchetti, Nari Quintio, dal (*sic*) Bufalo, cav^e dal Pozzo, li due segretarii delle cifre, il medico Giacinto del Bufalo, Carl Antonio dal Pozzo, il caudatorio maestro di cerimonie, trinciante et i due Padri Giesuiti, lasciando il resto della famiglia quivi con ordine che al primo avviso dovesse venirsene. S'avviò ancora la carrozza a 6 [2] di SS. Illma a Essona (?), che è a mezza strada di Parigi, acciò giunto quivi mutata carrozza potesse toccar più speditamente. Verso il tardi venne da SS. Illma quando i gentilhomini erano partiti d'anticamera da parte della regina madre monsù di Breves, qual si crede pregasse caldamente il legato a voler restar quivi, significandoci ancora il

1. Le 10 août.
2. Sous-entendu « cavalli, » un carrosse à six chevaux.

desiderio grande di sentir la sua prima messa, quale harebbon voluto fusse seguito il di dell' Assunzione della Madonna, per ricever questo honore di esser communicate per man sue.

La mattina seguente[1] non ostante che si fusse come sopra s'è detto avviata la carrozza, venuti in anticamera alle cinque hore e mezo i gentilhomini tutti lesti per partire, fattesi chiamar dal Colonello (*sic*) due carrozze a 6, una di casa e l'altra di S. Chaumon con dieci cavalli da cavalcare, venne ordine soprassessorio qual trattenne la partenza si per la causa detta di sopra, come ancora per una uscita gagliarda sopra giunta al s[r] card[le] in congiuntura di stravaganza di tempo, con freddo e pioggia grande, giudicando bene il medico che in detto giorno non si devesse partire, differendola al sabbato avvenire. Si prese espediente d'inviare a Parigi i SS[ri] Maurelli, Martinozzi, conte di Carp(egn)a e cav[re] Muti che messisi in ordine in termine di 6 giorni dovessero con b(uon)a parte di quei che erano restati a Parigi cominciare ad avviarsi per la volta d'Avignone. Si andò poi alla messa, nel tornar dalla quale s'accompagnò con SS. Illma il vescovo d'Esais, e dopo di esso venne monsù di Boonoil. Il doppo (*sic*) desinare vennero un Gentilhomo mandato dalla Regina regnante, Monsù di Marillac, richiamato da quelle Maestà dal suo campo in campagna, monsù di Breves, mons[re] Dunoisset, che era in detto giorno venuto da Parigi, et da monsù d'Yre, partì verso il tardi alla volta di Parigi mons[r] Nuntio con ordine di andare a trattare per i correnti affari col card[le] di Richelieu, che allhora si trovava a un suo luogo detto Limours.

La mattina seguente[2] partiron di buon hora alla volta di Parigi in carrozza i quattro sopradetti, oltre i quali andorno ancora il Colonello Magalotti e monsù Berton. S'udì poi la solita messa, et il giorno dopo desinare venuto Bonoil si andò da SS. Illma vestita con sottana, mozzetta e ferraiolo, con corteggio di gentilhomini alla visita della duchessa di Guisa e della dam[la] Mompantierò (*sic*) figlia sua, ma però del primo marito. L'appartamento suo era sopra le stanze del s[r] cardinale. Salita pertanto una lumaca et arrivati alla stanza dove da esse fu ricevuto dentro la porta della camera scusandosi esse di quel che forse potevano essere incolpate con dir che non havevano jus di venir più avanti. Si messero tutti a tre a sedere in compagnia d'una piccola nipote della contessa Fiesca, qual dava in quel mentre trattenimento alli Prelati. Era la stanza parata d'arazzi lani istoriati con *Caccie* ed altre cose, il letto a padiglione di cataluffa verde con fiorami bianchi; la duchessa è di bella e maestosa presenza e nel volto vi si scorge un certo che di devotione. La figlia è di carnagion bianca, ha occhio grande ma stupido, naso alquanto adunto (*sic*) et il labro di sopra è di

1. Le 11 août.
2. Le 12 août.

maniera grosso che nel rider fa effetto come se fusse doppio, dentatura grande con qualche (dente) sopraposto, il mento è ritirato assai in dentro assomigliante alla fattezza sorcina, i capelli tirano al rosso, ma per la gran polvere di Cipri che vi usano mettere perso il nativo colore e proprio lustro appariscono come di stoppa e cenerini. Haveva una superbissima collana fatta a tre ordini di perle con gruppi di esse per il lungo messe a 6 a 6, e ciascun di essi veniva tramezato da un ricco diamante. Accompagnorno poi SS. Illma fuor della porta a capo la scala.

Tornato alla stanza venne da esso il confessoro (*sic*) della Regina Regnante, spagnolo della religione dei Padri zoccolanti, e dopo di esso vennero per la benedittione da SS. Illma due gentilhomini todeschi, l'un de quali si chiamava Gio. Theodorico da Rothen. L'altro Arrigo Sebastiano Cherter da Rieden. Comparve venuto da Parigi Monsig. Arcivescovo di Parigi e dopo di esso il marescial di Bassompier, dopo il quale venne monsù Comanz, stato amicissimo del papa.

La mattina seguente[1] s'udì la solita messa dopo la quale venne il Padre Giuseppe da Parigi, Cappuccino, venuto di ritorno da Roma, dove era stato da S. M. inviato per trattar sopra i correnti affari, e dicevasi havesse portato poca buona nuova. Dopo desinar venne mad^a del Bene, dopo che fatto chiamar dentro il maestro di cerimonie si volse provar alla presenza loro a celebrar per affranchirsi maggiormente da le cerimonie. Uscì poi fuora in corrozza, adoperandosi in mancanza della sua quella di monsig. de Bagni.

La mattina seguente[2] uditasi al solito messa, verso le x hore comparve monsù di Bonoil, col quale il s^r card^le col corteggio di gentilhomini, vestito con sottana, mozzetta e ferraiolo, andò a visita privata di S. M^tà congratulandosi seco della ricuperata salute. Gl' uscì il re incontra al solito, e nell' abboccarsi, che fecero insieme disse monsù de Bonoil che il legato non veniva come legato ma come card^l Barberino alla visita di S. M. e da esso come tale fu trattato, ponendosi a discorrer in piede ad una finestra stando del continuo scoperti. Il complimento fu breve, et al solito SS. Illma fu accompagnato. Desinato che si hebbe vennero il marescial di Chomberg e monsù Patroclo, giunse fra tanto da Parigi in compagnia del colonello Magalotti il s^r Asc(ani)o Filomar(in)o con sottanella e soprana pavonazza da camerier d'honore fino a meza gamba. Entrò dentro subito a far riverenza al s^r card^le dal qual si trattenne buon pezzo, gustando SS. Illma d'interrogarlo delle cose del viaggio.....

Si fece dopo in anticamera dal P. Zaccaria un po di sermone al

1. Le 13 août.
2. Le 14 août.

quale assistò SS. Illma con i Prelati e tutta la famiglia. Si vedde in quel mentre la regina regnante che da una finestra della sua galleria riguardava nella stanza cercando essa col parlar forte di scoprirsi e far in modo che il sr cardle la guardasse.

Scrisse dipoi mons. Panf(il)o d'ordine del sr cardle al sr Domenico Salviati a Parigi che dovesse andare a Limours per salutar et augurar buon viaggio al cardl Richelieu, che fra pochi giorni doveva andar a un luogo discosto 40 leghe da Parigi, detto Eaudesforges, per pigliar alcuni bagni. Il restante del giorno si consumò dalla famiglia in confessarsi.

La seguente mattina[1] alle 6 hore uditasi da Gentilhuomini nella cappella di S. Mta la messa di monsr de Bagni per le mani di esso si communicò, tornandosene a servire il sr cardle in anticamera, quale verso le 7 e mezo vestito con mozzetta e rocchetto, precedendo la Croce, calatosene dal suo appartamento nel cortile seguendolo i Prelati, quali erano con sottana lunga, rocchetto e mantelletta, se ne passò nel giardin segreto et andò alla Capella che quivi è detta di S. Luigi, entrando in quella per una piccola porticella guardata dagli arcieri quali solo lasciavano entrare i gentilhuomini di SS. Illma. Rispondeva detta porticella nella 2a arcata dritta della de Cappella, nella quale su un ginocchiatoio parato vi era S. Mta havendo seco, ma però alquanto distante, il cardle Rochefocault (*sic*) (fol. 235-244 vo).

La galerie de la Reine et la galerie des Cerfs.

La galleria della Regina regnante dipinta a paesaggi, battaglie e altre istorie. Calandosene per una piccola scaletta nella galleria de' Cervi, quale è al piano d'un altro giardinetto segreto, detta così rispetto all' esser ornata con varie corna di cervi, sotto ciascuna delle quali si vedeva ritratto un luogo di campagna o villa che voliamo dire del re, cioè Fonteneblò, Follembraye, Compiègne, dove si vede la memoria d'un giovine cacciatore del re ammazzato da un cervo, Villers Cotrez, Blois, Amboise, Chambor, Sinleger, Charleval, Monseaux, e le Bois de Meaux, Verneuil, Madry, S. Germen, Bois de Vincen[2].

Da detta galleria si scese in un altro cortile, detto... (en blanc). Montò SS. Illma con i soliti in carrozza. Tornati i gentilhuomini a dreto, viddero il giardino segreto, nel quale oltre la verzura solita, vì si vede una fontana d'assai buon garbo, fatta in foggia di gradinata, qual cala a basso, et in mezzo d'essa surge una base, a meta della quale stanno quattro teste di cervo di metallo quali gettano aqua per bocca. Sul

1. Le 15 août.

2. Ces vues, restaurées dans les dernières années, existent encore, comme on sait.

detto piedestallo vi è una statua di metallo d'una Diana cacciatrice, a piè delle quale su ciascuna cantonata vi si vede un cane pur di metallo[1].

Evvi inoltre un pilo antico[2] di putti, una copia esatta di metallo del Laocoonte, di Belvedere, et una di quel si cava la spina del piede, che è in Campidoglio[3].

L'APPARTEMENT DE LA REINE MÈRE.

(14 août.)

...La quale haveva levati gl' arazzi, parata la stanza di brocatelli di Ven^{a} (Venezia) gialli e rossi, con baldacchino e coperta del buffetto dell' istessi, con letto a padiglione di velo di Ferrara riccamato a fiorami rossi, a capo a letto si vedeva attaccato il crocifisso, e gl' altri quadri che haveva donato il s. cardinale (fol. 233).

LA VOLIÈRE ET LA GALERIE DES CHEVREUILS[4].

Rincontro alla sopradetta galleria de cervi, vi è l'ucelliera dell' istessa lunghezza e larghezza della detta galleria, in mezo alla quale a costo al muro d'ordine rustico vi è una fontana quale alla man dritta hà la seguente inscrittione :

Tot populos victor justo rex Marte subegit
Regius hic retinet quot sibi carcer aves.

Alla man manca ve n'è un altra :

Qui Janum clausit, volucres hic sponte reclusas
Detinet, æternum quæ sua gesta canunt.

Vi è inoltre un' altra galleria detta de Caprioli, quale a similitudine dell' altra, è ornata con teste di detti animali, sotto alle quali son dipinte diverse *Caccie del re Arrigo* (fol. 180).

L'HISTOIRE DE THÉAGÈNE ET DE CHARICLÉE.

La mattina seguente, per la festa di S. Gio. Battista se n'andò il S^{r} card^{l} alla messa, non potè rispetto alla gran pioggia andar per il coridoretto scoperto, onde convenne passar per l'appartamento regio, vedendo, oltre le stanze sopradescritte, una saletta che dicon del Consiglio, dipinta da un tal del Bosco[5] con l'*Istorie di Caricle e Teagene.*

---

1. On sait que la statue de Diane actuellement placée sur la fontaine date du règne de Louis XIV seulement ; elle a été fondue par les Keller.
2. Un sarcophage antique orné de « putti. »
3. Le tireur d'épines.
4. Cf. *le Trésor des merveilles de Fontainebleau*, pp. 156-159.
5. Ambroise Dubois. Voir *le Trésor des merveilles de Fontainebleau*, pp. 143-144.

Si vedde poi la sala delle commedie, nella quale è di riguardevole un camino di pietra, nella cappa del quale è un ritratto di basso rilievo del re Arrigo 4° a cavallo, ma di goffa maniera, ornato intorno di fogliami e bassi rilievi con figure e battaglie d'un tal detto Granoble[1] di maniera esquisita con inscrittione del seguente modo :

HENRICUS 4us FRANCOR. ET NAVARRÆ REX, BELLATOR, VICTOR, TRIUMPHATOR, BELLO CIVILI CONFECTO, REGNO RECUPERATO, RESTAURATOQUE, PACE DOMI FORISQ. CONSTITUTA REGIIS PENATIBUS REGALI SUMPTU FOCUM EXTRUXIT. ANNO CIƆIƆIC.

Fattosi poi chiamare dal cav^{re} del Pozzo mons^{r} Claude Douest[2], soprastante alle pitture di Fonteneblò, non havendo in detto giorno pensiero SS. Illma d'uscire, mediante il tempo cattivo, si risolvè di voler vedere quel che c'era di bello in materia di pitture (fol. 189 v°).

Les peintures de l'Iliade.

Vista la galleria della regina regnante, fatta dal re Arrigo 4° e la *(sic)* del re Francesco 2 (I), detta del Rosso, rispetto al esser da esso stata dipinta, et parimente la d'Arrigo 2°, dipinta con l'*Istorie dell' Iliade* d'Homero, da Nicolò da Modona *(sic)*, con disegni dell' abbate Primaticcio, altrove da noi nominato, si andò alle camere della duchessa di Monceaux, quali son comprese nell' appartamento della Regina madre, dipinte ambedue a fresco di mano d'un tal Ruggiero da Bologna, la prima delle quali è foderata all' altezza di poco più d'un huomo di tavole di noce con intagli et alcuni banchi alle parate da sedere, vi è dipinta la *Vita di Hercole*[3]. Nella 2ª stanza, foderata come sopra, ma senza banchi da sedere, vi sono parimente altre pitture attinenti alla *Vita d'Hercole* dell' istesso maestro, eccetto un pezzetto dipinto dal... *(en blanc)* dove impara Hercole a tirar d'arco, che è di bellissima maniera.

Sopra un camino di questa camera è una Diana con alcuni cani e Cupidini, che scherzano con essi et altri saliscono sopra i bianchi di certe corna di cervio, et è, dicano, il ritratto di detta Duchessa di Monceau, detta altrimenti la Gabriella, sorella del Marchese di Coure, amatissima da Arrigo 4°.

---

1. Jacquet, surnommé Grenoble. La salle de la cheminée, autrement dite de la comédie, est décrite par le P. Dan, pp. 139 et ss.

2. Ms. Barber : « Doue. »

3. M. Palustre, dans sa *Renaissance en France*, t. I, p. 206, nous dit que Vasari a oublié de signaler l'endroit où se trouvaient les peintures de Ruggiero Ruggieri de Bologne. Cassiano del Pozzo comble cette lacune : c'était dans l'appartement de la duchesse de Monceau, compris dans l'appartement de la reine mère. Le sujet des peintures était la *Vie d'Hercule*.

LA GALERIE DES PEINTURES[1].

Da queste stanze calamo alla camera delle Pitture, cominciando quivi a veder quelle di Raffaello.

Primieramente un quadro, di 7 o 8 palmi di altezza, in tavola, nel quale d'esquisitissima maniera è dipinta la *Vergine*, il *Salvatore*, che salendo con piedi della cunna par che voglia accarrezzarla abbracciandola, et dietro essa sta *S^a Elisabetta* (etc.); è quadro perfettissimo, ma assai dannegiato di scrostature da vernici dateli per altro tempo a sproposito[2].

2° quadro fu un *S. Michele Arcangelo*, pure in tavola, di altezza di 9 palmi incirca, con figura grande dal vero... (etc.), nel lembo della corazza vi è scritto il nome del Pittore e l'anno, cioè del 1518 in Roma[3].

Il 3° che si vede fu uno d'una *Sta Margarita*, di p^mi 6 d'altezza, pure in tavola, largo poco più di tre palmi e mezzo; la figura è in habito di Vergine tutta vestita, in atto di conculcare ai piedi il drago che rivoltando sotto sopra la testa, mostra una grandissima et orribile apertura di bocca. È questo quadro guasto assaiss^o havendo in non so che occasione patito il fuoco[4].

L'ultimo fu un ritratto, dicono della *Regina Giovanna di Napoli*, et è vestita di rosso con un panno in testa dell' istesso colore[5].

Vedemo poi quelli di Leonardo da Vinci... (la Vierge, l'enfant Jésus, saint Jean-Baptiste, — saint Jean dans le désert).

3° Una *Leda* in piedi, quasi tutta ignuda col cigno et due uova a pie della figura, della guscia delle quali si vede esser usciti quattro bambini; questo pezzo è finitissimo, ma alquanto secco e massimamente il petto della donna; del resto il paese et la verdura è condotta con grandissima diligenza, et è molto per la mala via, perchè, come che è fatto di tre tavole, per lo lungo quelle scostatesi han fatto staccar assai del colorito.

4° Un *Ratto di Proserpina* diligentissimo, ma di maniera alquanto secca; la figura della donna, quale è sostenuta in aria da Plutone, è la migliore.

5° Un rittratto, della grandezza del vero, in tavola incorniciato

---

1. Cf. la description du P. Dan : *le Trésor des merveilles de Fontainebleau*, pp. 132 et ss.

2. La *Sainte Famille de François Ier*.

3. Le *Saint Michel* du Louvre.

4. La *Sainte Marguerite* du Louvre.

5. Le portrait de Jeanne d'Aragon. — Cette description des tableaux de Raphaël, aujourd'hui conservés au Louvre, a paru d'abord dans mes *Historiens et critiques de Raphaël;* Paris, 1883, pp. 149-150. Je ne la reproduis ici que pour ne pas scinder le texte de del Pozzo.

di noce intagliato, e mezza figura, et è ritratto d'una tal *Gioconda*[1]. Questa è la più compita opera che di quest' autore si veda (etc., longue description). In somma con tutte le disgratie che questo quadro habbi patito, la faccia et le mani si mostrano tanto belle, che rapiscono chi le mira... Il Duca di Buchingam, mandato d'Inghilterra per condur la sposa al nuovo re, hebbe qualche intention d'haver questo ritratto, ma, essendone stato distolto il re dall' istanze fattegli da diversi, che messero in consideratione che S. M. mandava fuor del regno il più bel quadro che havesse, detto Duca sentì con disgusto questo intorbidamento e, tra quelli con chi si dolse fu il Rubens d'Anversa, Pittor dell' Arciduchessa.

Eranvi inoltre l'opere di Titiano, cioè una mezza figura d'una *Maddalena ignuda*, ma ricoperta quasi per tutto dai cappelli; arriva il ritratto poco più oltre del mezzo del corpo et è senza panno alcuno.

Si viddero ancora alcune opere d'Andrea del Sarto, cioè una Donna figurata per la *Carità*[2], che postasi a sedere tiene in grembo due bambini benissime dipinti et un' altro che gli dorme, appoggiato alla sua veste. Questo è in un quadro d'altezza di 6 o 7 palmi, dipinto esquisitissimamente col nome del maestro et anno nel quale fù fatto, che è il 1518.

Vedemo inoltre, di man dell' istesso, una Madonna in tavola, 4 o 5 palmi alta et di competente larghezza, con alcun' altre figure, cioè *S*[a] *Elisabetta*, i due bambini e due Angeletti, il tutto dipinto di bellissima maniera, et ben conservato[3].

Mostrarono inoltre un *Ecce homo* con due altre mezze figure di bellissima maniera, et ben conservate, qual dicevano esser opera del Pordenone.

Vedemo poi alcuni pezzi di frà Bastiano del Piombo, cioè un quadro della *Visitatione*, le due figure pñti, cioè la madonna e S. Elisabetta, con due altre figure pur di donne et un gruppetto di figure lontane minute, et paese[4].

Un ritratto del medesimo dicon della sorella di Papa Clemente 7° in habito come allora s'usava alla Romana, fatto su lavagne.

Del Rosso havevano alcuni pezzi, cioè una figura, grande poco men del vero, fatta per una *Giuditta*, con la testa d'Oloferne ai piedi; l'habito di essa è imitato assai dall' antico, cinta poco sotto le poppe; il panneggiamento è bello et è in tavola; un ritratto d'una *Regina di Napoli*, un quadretto, un po bislongo, nel quale è una *Disputa fra le Muse et l'altre nove sorelle che da esse furon convertite in gazzere*,

---

1. La *Joconde*, au musée du Louvre.
2. La *Charité*, conservée au Louvre.
3. Au musée du Louvre.
4. Au musée du Louvre.

una *Leda col Cigno*, fatta dal disegno di quella di Michel Angnolo, et un quadretto di *Marte et Venere.*

Del Primaticcio vedemo otto pezzi di Paese a guazzo, però assai smontati.

Oltre queste si veddero alcune opere di Frà Bartolomeo di Fiorenza, un quadretto di una *Madonina* assisa sur un altare a gradini, del quale vi sono da ciascun lato tre santi, non dissimile d'inventione in molto a quello che si vede in Roma a S. Silvestro nel Quirinale nella Cappella di Sannesij[1].

Ultimamente ne vedemo di Pietro Perugino due quadretti, ben conservati et ben dipinti in tavola, cioè un *S. Girolamo col leone*, et un paesetto[2], et la *Maddalena quando gl' apparisce Christo N. S. nell' horto.*

Eranvi in oltre diversi ritratti, uno di man di Jacomo da Pontormo, nel quale è ritratto lui stesso in compagnia di Raffaello[3].

Un' altro dicesi di man del medesimo, fatto per Gaston di Fois, nel quale, venuto in disputa se la Pittura poteva fare appa^re come la Scultura il dinanzi el di dietro[4], havendo finto due specchi che uno rifletta nell' altro fa vedere di detto ritratto ambedue le parti; questo è assai guasto, in modo che hoggi dì non si potrebbe copiare.

V'erano inoltre quel di Carlo VI, di Ludovico XI, Francesco I, Arrigo 2°, Carlo V, Hippolito card^l de Medici del Pontormo, et Erasmo.

Vi son molti alti quadretti di maniera tedesca, ma come di poco momento non si sapendo il nome degli Autori delle opere ne de ritratti, si è lasciato.

Les Bains[5].

Da queste stanze che servono solamente al pittore soprastante d'esse s'andò alle stanze terrene del bagno di S. M^ta. A queste s'entra per il giardino dov'è l'ucoelliera; entrati subito si trova un salotto commodo, ornato di pitture, quali son la maggior parte copie delle sopradette.

Doppo questa sala sono due camere adornate medesimamente di quadri, foderate secondo il costume di Francia all' altezza di quanto può giognere un huomo col braccio alzato di legname intagliato et a luogo a luogo dorato.

Da queste di passa nel bagno che è quadro perfetto, et è fondo da tre braccia o più. A questo si scende per certe (*sic*) gradini di legno pos-

---

1. Au musée du Louvre.
2. Au musée du Louvre.
3. *Raphael et son maître d'armes*, au Louvre.
4. Pour « et il dietro. »
5. Cf. *le Trésor des merveilles de Fontainebleau*, pp. 94 et ss.

ticci et dal mezo della facciata principal di esso bagno si vedono scappar due bocche et un condotto di metallo da portarvi l'acqua calda e fredda. E attorniata la superficie d'esso da una balaustrata di legno tinta del color del metallo lo spatio che c'è da poter caminare in detta stanza attorno il bagno e quanto due possono andar del pari. E detta camera involta con certi spigoloni dorati attorno; nelle lunette di essa vi sono dipinte di mano, dicon del Primaticcio, le favole dell' *Innamoramento di Giove e Calisto.* Appare l' Innamoramento in forma di Diana, et per far accorger il pittor dell' inganno da banda fa spuntar da pie della finta Diana l'aquila e sotto il piede una maschera; si vede in un altro il bagno e la gravidanza; in un altro la fuga d'essa et persecutione di Giunone, e cambiamento in orsa con la caccia in quella forma dal proprio figlio cacciatore, e nella volta si vede posta da Giove tra segni celesti. Vi sono ancora alcun altre pitture di mostri marini (fol. 198).

Doppo il bagno è un picciol camerino dipinto di minuzzerie, et oltre a questo un' altro più piccolo con un vaso da acqua di pietra, e nel mezo del detto nel piano un quadretto pieno di fori (*sic*) per esitar l'acqua brutta. Questo serve per lavarsi quando si vuol far cadere il pelo con quella mistura composta di calce e orpimento. Le copie che in dette stanze si vedeno (*sic*) si son poste quando si levorno gl' originali, acciò non finissero d'andare a male, essendosi assai guasti (*sic*) per rispetto dell' umido che havevan patito, onde restono (*sic*), come sopra si è detto, senza cornice, essendosene valse a queste copie (ff. 190 v°, 197 v°).

La galerie de François Ier[1].

La galleria del re Francesco primo dipinta a fresco dal Rosso. Fra le storie più notabili erano la *Battaglia de Centauri contro i Lapiti*, gl' *Essercitij d'Alessandro Magno*, cioè il notare, e giocar d'arme, un *Diluvio*, la *Morte d'Adone*, la *Favola di Danae*, l'*Istoria d'Enea quando portava su le spalle suo padre Anchise*, un altra istoria d'una vecchia, qual si fa tirar su un carro da due sue (*sic*) figli in mancanza di chi la conducesse a un tempio per la liberatione della città, l'*Introduzione delle buone arti in Francia sotto il detto Re Francesco*, l'*Entrata d'esso nel tempio di Giove*, seguitata da numero infinito di gente con occhi bendati, e la *Favola di Semele*, quando gl' apparisce Giove in forma di Dio. Ciascun di detti quadri è ornato con stucchi di buona maniera. La soffitta della galleria è lavorata di legnami di color di noce indorati, con spartimenti minuti ma pero gratiosi (fol. 198 v°).

---

1. La décoration de cette salle et de la suivante, malgré de nombreuses restaurations, est restée dans ses lignes générales ce qu'elle était du temps de Cassiano del Pozzo.

LA SALLE DE BAL OU GALERIE HENRI II.

Si vedde inoltre la sala che dicono del ballo, spatiosa e grande, dipinta da Nicolò da Modena, pur con disegni dell' abbate Primaticcio, con istorie, alla man dritta, di *Giove servito a tavola da Ebe*, del *Zodiaco, con Febo sedente nel mezo*, della *Fucina di Vulcano con Amore*, et della *Ricolta*. Alla man manca di *Bacco finto per la Vendemmia*, del *Monte Parnaso*, del *Ballo delle Gratie con assistenza di Deità*, et del *Pomo della Discordia buttato da Bellona su la tavola* (fol. 188).

LA CHAPELLE DE LA TRINITÉ.

(15 août 1625.)

Capella detta di S. Luigi. Era la cappella, qual dicono fusse fondata da S. Luigi, stata poi ornata particolarmente la volta, sotto Arrigo 4°, di pitture de Monsù Ferminetti [Fréminet], pittor da essi stimato assai, ma a giudizio degl' altri più tosto crudo e secco, che altrimenti stata in questa occasione parata di superbissimi arazzi, tutti di seta e oro, e cominciando dalla porta principale che risponde sotto certe volte vicine al cortil dell Caval bianco, guardata da un forte stecchato, era ornata dalla parte manca nell' entrare di un pezzo grandissimo di arazzo d'esquisto disegno, dove si vedeva figurato un choro di diversi strumenti antichi, con parte della *Pompa trionfale di Scipione Affricano*[1]. Seguivana doppo copia di quei istessi arazzi che si vedono a Roma nella cappella Sistina, che dicono essere disegno di Raffaello, la *Conversione di S. Pauolo*, la *Lapidatione di santo Stefano*, la *Pesca di S. Pietro*, le *Chiavi date a esso da N. S.* e la cura commessagli del christianismo[2]. Alla man dritta si vedeva il *Trionfo di Scipione*, nel quale era espresso l' invio del sacrifitio col principio d'alcuni regali, tra i quali un elefante sopra il qual giaceva un leon domestico, il *Miracolo di due Stroppiati*, la *Conversione fatta da S. Pauolo di Sergio Proconsole dell' Asia alla vista dell' esser divenuto cieco uno*, la *Distributione della limosina degli apostoli*, la *Predica di S. Pauolo in Atene*, dove si vede un tempietto di forma tonda di una Pallade, ossia altra deità armata.

La facciata dell' altare, che veniva ricoperta da drappi con fondo di raso bianco ricamati a fiorami e ligature diverse d'oro et seta, sotto

---

1. Les *Triomphes de Scipion*, d'après Jules Romain, aujourd'hui au Garde-Meuble.

2. Il s'agit peut-être de l'exemplaire des *Actes des Apôtres* qui avait appartenu à François Ier et qui fut détruit en 1797. Voy. *Raphael, sa vie, son œuvre et son temps*, 2e édit., p. 492.

era parata pur con istessi arazzi, ne quali era figurata la *Predica di S. Pauolo in occasione d'un sacrificio pagano.* I fregi de sopradetti erano ornati a grottesche, ma con figure sacre, come delle Virtù e simili.

Il quadro che era sopra l'altare era quello che SS. Illma[1] haveva donato a S. M^ta, fatto di basso rilievo d'argento, con la *Nascità di N. S.* (fol. 244 v°).

Sotto di esso (quadro d'arg^to a bassoril.) vi era una pisside da mettervi il s^mo sagramento in occasione delle 40 hore del seguente garbo : Era una base tonda dalla qual nasceva un vaso, et da esso un giglio sopra il quale posava in foggia di Sole il circolo dove andava l'hostia con raggi, un de quali era dritto, l'altro a serpe, d'oro purissimo smaltati di rosso ricinto e tramezzato di rubini e rosette di diamanti. Il cerchio contiguo al cristallo era tutto similmente ornato di diamantini; sopra detto sole posava una croce proportionatamente grande ricca delle stesse gioie; posavano su la base due Angeli quali havevano in petto due diamanti di rara belta et esquisitezza. Veniva detta pisside messa in mezo da 12 candelieri d'argento d'orati (*sic*) con lor candele... Il paliotto era di raso bianco ricamato a fiorami d'oro e seta come sopra. La predella, alta tre scalini, veniva ricoperta tutta con tappeti turcheschi. Nel primo arco della parte della Epistola, quale si come ancora tutti gl' altri, era parato d'Arazzi con varie storie, quivi era la credenza del s^r card^le, cioè un bacil grande liscio d'argento d'orato, un boccal simile con il calice et ampolette (*sic*), et altre cose necessarie per l'uso della messa. Si trattenevano in questo i gentilhuomini del s^r card^le. Nel 2° arco, quale haveva la sua balaustrata come sopra haviamo accennato era S. M. L'altre arcate erano ripiene di nobiltà di Dame et altri SS^ri. Dall' altra parte nel primo arco, era la credenza di S. M. con gl' istessi vasi com' in quella del s^r cardinale. Nel 2° vi erano le due Regine ambedue su due inginocchiatoi separati, precedendo la madre alla regnante. Havevano esse si come tutte l'altre dame in detta mattina deposto tutti gl' ornamenti d'habiti et di ciuffi, un semplice bacucco di taffetta negro qual gli copriva meza fronte. Alla balaustrata grande della cappella, che era passato il mezzo di essa, stava la guardia e sopra di essa il palco de musici. Entrato che fu il card^le per quell' archata dov' era S. M. dopo d'haver complito seco, si pose nel mezo su in un inginocchiatoio sopra di quale era stato alzato il baldacchino, fatta quivi un poco d'oratione, fin tanto che dai musici si cantasse Veni Creator Spiritus, alzatosi in piedi si lavò le mani...

[La] cappella su la porta della quale per di dentro eravi la seguente

---

1. Le cardinal-légat.

inscrittione, qual denotava esser stata abbellita detta cappella dal re Arrigo 4° :

Imperio natisque potens et conjuge felix,
Alta pace sacram decorat rex inclitus ædem
Eternus, ut pietas augusta splendeat aula (fol. 177 v°).

Les tapisseries de l'Histoire de Psyché[1].

Era l'appartamento di S. S. Illma, qual era cam^a, anticam^a et sala comuna, retrocamera, cappella et piccolo gabinetto, parato superbissimamente d'arazzi regii, cioè sala et anticamera, nei parati delle quali tessuti d'oro et seta fatti sotto il Re Francesco primo et Arrigo 3° si vedeva di bonissima maniera figurata la *Favola di Psiche*[2]. Era inoltre nell' anticamera stato alzato un bellissimo letto di velluto piano chermisino, ricamato con lavoro di canutiglia assai rilevato a fogliami con impresa nel mezzo della coperta. Haveva il detto letto [in] scambio de pomi nelle cantonate, conforme all' uso di Francia quattro bellissime mazzi di pruine rosse et gialle, era sotto il letto et occupava ancora l^a parte della stanza un strato grandissimo fatto a foggia di tappeto turchesco con fogliami ed arabeschi, del qual lavoro, n'è in detta città maestranza particolare. A piedi del detto letto vi era un tavolinetto, sopra il quale vi era un tappeto d'opera conforme. Havevano inoltre sopra il Camino alzato uno baldacchino qual era siccome ancora molt' altre sedie che erano nella stanza lavorato di ricamo totalmente simile al letto. L'altra camera nella quale facevan pensiero dovesse dormire S. S. Illma era stato attaccato paramento, cioè tapezzeria, letto, tavolino e baldacchino di lavoro a maraviglia superbo, come quello che haveva tutto il fondo di raso bianco, con ottangoletti ne quali eran variati emblemmi con i suoi motti fatti tutti di buona maniera. Eranvi inoltre quantità di sedie, si di queste con appoggio, come d'altre piccoline da piegarsi di bellis-

1. On sait qu'une suite de la même tenture orne aujourd'hui encore le palais de Fontainebleau. Voir *la Tapisserie*, éditée par M. Quantin, 2° édit., p. 210. Je dois toutefois ajouter que l'appartement en question semble être celui qui fut préparé pour le légat au palais de l'archevêché de Paris, et non au château de Fontainebleau. (Fol. 156, il est question de tapisseries, « ne' quali si videva figurata assai lascivamente la *Favola di Psiche.* » Ces tapisseries se trouvaient dans le palais du cardinal de Sourdis, à Paris.)

2. Il a été question ci-dessus d'autres tapisseries, l'*Historia di dodici Mesi dell' anno*, « di bellissima maniera. » Citons encore, dans la « Sala dove stanno gl' arcieri, » des « Arazzi assai... consumati, ne' quali erano figurate le *Battaglie seguite tra Franzesi e Inglesi*; da quella [sala] andati in un' altra stanza accommodata con arazzi simili. » Puis des « Arazzi lani istoriati con *Cose rustiche* et appartenenti a *Pastori*, di disegno assai dozzinale » (fol. 179).

simo velluto fatto con fiorami al naturale. Fra questa et la retrocamera, qual era piena tutta di variati quadri di buoni maestri, era la Cappelletta dove udiva del continuo missa il s[r] cardinal.

Stavano nell' anticamera per alzar la portiera quattro paggi, in sala gli staffieri et i lacchè et fuor d' essa, una loggetta che vi era, qual da una parte riguardava il fiume, et dall' altra il Cortile, servendo di passo continuo a quei che volevano entrar et uscir nelle stanze, la volta della quale era dipinta a fresco con le figure delle *Muse*, et due gran quadri dalle parti, in uno de quali si vedeva espressa (un) Armata navale, seguita tra Galeoni di Francia et Galere Turche, nell' altro era historiata una Burascha di mare con sommersione di molti vascelli (fol. 120).

Présents faits par le légat a la famille royale.

Furono in d° giorno (24 juillet 1625) presentate da parte del legato le due Regine, alle quali portò i presenti il s[r] Nari. Quel della Regina Madre fu un quadro di Domenico Zampieri da Bologna (detto altrimente Domenichino, allievo di Caracci) con una *Madonna* che con una man d'Angeli appare a S. Francesco che di fresco haveva ricevuto le stigmate, d'altezza d'un palmo e mezo, e di larghezza di uno o poco più, con sua cornice di serpentario incastrata con pietre dure.

Un' altro dell' istessa grandezza di man dell' Albano, nel quale era finta una *Madonna con gloria d'Angeli*, con cornice simile.

Due quadri del Tempesta, uno cioè d'una *Caccia* et l'altro d'una *Battaglia* con lor cornici nera arabiscata con fogliami d'ora.

Un *Crocefisso* del legno di S. Francesco con sua croce e monte d'ebano.

Un baccile d'*Agnus dei*, et una dozzina di par di guanti della concia della Principessa Giulia di Modena.

La regnante fu regalata d'un quadro in lapislazuli, nel qual era finta l'*Andata della Madonna in Egitto*, una corona dell' istessa pietra, un rosario di granati, un baccile d'*Agnus Dei*, dentrovi molte medaglie d'oro e d'argento, altre corone, e molti di quei guanti. Hebbero da essa, si come ancor della regina madre, cento doppie.

Si presentò dall' istesso fratello di S. M. una colonna di altezza di due palmi di argento dorata, fatta a imitatione di quella di S. Maria Maggiore alzata da P. Pauolo con sua base e statua, con reliquie poste nelle cantonate, una corona di lapis lazuli, et altre di legno ordinario con un baccil d'*Agnus dei*, medaglie, e guanti. Fece S. A. dar di mancia all' aiutante di camera 50 doppie (*Diarium* de C. del Pozzo, fol. 225).

24 juillet 1625. S. E mandò à regalare le maestà, e monsù per Bernardin Nari.

Cioè 'l re d'un quadro di rilievo d'argento dov' era rappresentata la

Natività del Signore, di valuta d' 800 scudi in circa, ed una corona di plasma, d'altri s^di^ 200.

La Regina madre di 4 quadri, cioè due spirituali e due profani, di valore di 500 s^di^, due corone, una di granata grossa, e l'altra d'agata picciola, e d'un baulo di medaglie con guanti, ed *Agnus dei* per le sue Dame e figlie di camera.

La Regina regnante d'un quadretto gioiellato, una corona di lapis grossa, un rosario di granate, 50 medaglie d'argento, 5 reliquiari piccioli d'oro, con un baulo di guanti, e di corone.

Il duca d'Angiò d'una colonna d'argento fatta a similitudine di quella di S. Maria maggiore con una reliquia nel piedistallo, ed una corona di lapis (Bibl. de la Minerve, *Diarium* de Magalotti, fol. 276 v°).

Description du banquet offert au Légat [1].

Passamo (*sic*) dall' appartamento regio alla sala detta del ballo, che è ornata di pitture a fresco, concernenti come altrove haviamo detto *Banchetti e balli di Deità antiche*. Il pavimento di detta era conforme a che sono la maggior parte di quei del Paese, di legname commesso e tagliato a foggia de quadretti. Detta sala risguarda da una parte il cortile, dall' altra il giardin grande; eravi in testa di essa un luogo eminente d'altezza di 4 o 5 gradini similmente di legno; quivi era un camino bellissimo che haveva come per suo sostegno da ambedue le parti due statue grandi al naturale e più di satiri di metallo, copia de' due antichi di pietra che si veggono a Roma in casa de SS^ri^ della Valle [2]. Su questo eminente era stata alzata la tavola senza strato, ne baldacchino, che dissero non vel haver messo per dubbio di non guastar nel piantar i chiodi le pitture. Sopra la tavola vi era prima distesa una tovaglia ordinaria sopra la quale a doppio era tirata una tovaglia finissima damasch(in)a che con le sue cascate toccava terra, facendo in uno istesso tempo effetto di tovaglia e di tappeto ricoprendo la tavola. In testa della quale verso la posata di S. M^ta^ vi era quel vaso d'argento dorato fatto a foggia di navicella con suo peduccio nel quale sogliono tenerci le salviette bianche da mutare. Eranvi in oltre le due posate, ciascuna haveva la sua panattiera, qual era di forma quadra bassa di piede con un solo vaso da tenere il sale, sopra di essa stava il pane lungo di forma battuto e scortecciato bene, che veniva ricoperto da una finissima salvietta, poste verso il camino, distante l'una dall' altra lo spatio di due sedie..., quali erono ambedue di velluto rosso usate guarnite d'oro con spalletta o sia appoggio grande e i braccioli ricoperti del medemo alla foggia del Paese.

---

1. Rapprocher de la description de C. del Pozzo celle, infiniment plus sommaire, qu'a donnée le P. Dan, p. 306 de son *Trésor*.

2. Ce sont les statues dont il a été question plus haut.

Nel salir che fecero per andare a tavola la moltitudine grande impedì che buona parte de gentilhuomini dell' Illmo legato non potessero vedere, non ostante che gl' arcieri si sfozzassero di farfar (*sic*) largo acciò si potesse da ciasch(un)o commodamente godere.

Saliti che furono ambedue si porsero i sciugamani bagnati da lavarsi le mani a S. M. dal conte di Soissons, et al s^{r} card^{le} da monsù di Beaumont; fecesi dopo la beneditione della tavola unitamente dall' Illmo legato et dall' arcivescovo di Tours. Si assisero da una banda S. M. alla man dritta, et il s^{r} cardinal alla man manca, restando uno nell habito suo senza ferraiolo, e l' altro levato la mozetta, in rocchetto scoperto con la berretta. Si messero oltre la salvietta distesa un' altra piegata per il lungo a traverso la spalla, come sogliono portare i scalchi. Assistevano à S. M. alla man dritta l'arcivescovo di Tours e il P. Segurano. Immediatamente dreto monsù di Tresmes, capitano di guardie con due arcieri del corpo, alla manca il medico Rhoano et il marchese di S. Chaumon. Dietro al s. card^{le} vi era il medico, a man dritta il cav^{re} dal Pozzo coppiero, a man manca il Rinuccini, qual serviva di mutare i tondi, et altri de suoi Gentilhuomini, assistendovi ancora i Prelati, fra i quali però mancava mons^{r} nunzio Spada.

Il primo servito fu di bollito, essendo in tutto e per tutto conformi di quello di S. M. come quello dell' Illmo legato. Usandosi nell andare a pigliar le vivande, quali venivano condotte da monsù di Beaumont mandandole accompagnate da quantità d'Arcieri, giunte a scalini si spartivano pigliando monsù (en blanc) qual metteva in tavola a S. M. le sue, delle quali ne faceva far credenza a quei che di mano in mano l'havevano portate, et il contro lor Perfetto, e l'altro contro lor Fontaineu, quali mettevano in tavola al s^{r} card^{le} senza farne però far credenza.

Nel darsi da bevere a S. M. si tenne il stile ordinario della Francia, quale è che il coppiero assiste del continuo alla tavola, volendo S. M. bevere si fa cenno al bottigliero che essi dicono sommigliero, qual col suo aiutante, portando l'uno il bicchiero et il vino in un fiasco di vimine, et l'altro una fiasca d'argento con acqua accompagnati del continuo da sei arcieri, giunto alla tavola porge il bicchiero, qual è di vetro di forma come un pan di zucchero rivoltato stretto da piedi e largo in cima, ricoperto, acciò non vi entri polvere o altro dentro, con un coperchietto pur di vetro, nella foggia che sogliamo fare alle nostre ghiare, quali in scambio di pallotta in cima a un anello, che volendosi scoprir il bicchier si mette nel dito. Piglia il coppiero il bicchiere in mano e tenendolo scoperto, mesce il bottigliero prima il vino, e poi l'acqua alla misura che S. M. è solita bevere. Di questo vino così mescolato il coppiero ne versa in due scudellette d'argento dorate, in una fa esso la credenza, e nell' altra il bottigliero, porge il bicchiero a traverso della tavola a S. M. coperto, scoprendolo solo in atto che il Re lo stà per pigliare, tenendo da una stessa mano col dito mi... (en blanc) il coperchio del bicchiero, e con l'altre dita la sudetta scodelletta, come si farebbe la sottocoppa. Il legato in questo fu servito all' Italiano (*sic*). Si moveva il suo coppiero d'appresso alla sedia, et andava alla bottiglieria, dove giunto in presenza sua s'empivano due caraffette, una di acqua, e l'altra di vino con i suoi coperchietti di vetro. Il bicchiero era senza piede fatto come dicono a panieretto, et questo acciò corresse manco rischio nella folla. Si faceva l'assaggio dell' uno e l'altro dal bottigliero, il qual doppo levata la sottocoppa andando inanzi due delli arcieri la portavano fino al luogo precedendo il coppiero, il qual presala scoperte le caraffine fatto un po d'inchino porgeva la sottocoppa posandola col largo di essa sul piano della tavola in modo che non facesse gran mostra. Parve d'andare con questa destrezza, perchè essendosi la mattina detta detto a monsù Perfetto, qual era venuto a dar conto dell' appuntamento preso del modo del servir SS. Illma a tavola, e havendo detto che si poteva liberamente usare la sottocoppa, gustando S. M. che fusse servito, come più gli piaceva, essendosi ringratiato per parte del s^r card^l dettoli che nel bevere non usando S. M. sottocoppa si sarebbe fatto senza, ma vistosi poi il Diario[1], che diceva essersi usata, et essendo il s^r Nari di parer che si usasse, non essendosi risoluto cosa alcuna, haveva ordinato il coppiero al bottigliere che stesse provisto da poter servire in tutte due le maniere, ma quando si fu all' entar (*sic*) a tavola vistasi la distanza grande che correva da una posata all' altra, che pareva più due tavole distinte che una, parve a proposito il servir all' Italiana, però con modestia tale che non paresse che si fusse cambiata resolutione. Si notò pero che a diversi se questo come 'l stare col rocchetto scoperto dal (*sic*) tutto non gli finiva di piacere, benchè si fusse fatto con ogni ragione fondata sul' esempio de Diarij che s' havevano.

A meza tavola comparve il marescial di Chonberg col quale S. M. discorse molte volte.

I serviti di carne furon tre, il primo di bollito, nel qual ci furono starnotti, capponi, pollanchette d'India, pollastri, paperi, piccioncini, gigotti di montone, cosciotti di vitelle, piccioncini da ghianda et insalate fatte con copperi, passerina, e olive.

Il 2° servito detto da loro *Entrmès* (*sic*), era di pasticci reali, gigotti di monton pasticciati, pasticci di polpe di pollo, pollastri marinati, crostate di polpe di pollo con midolla e uuova, sniole (*sic*), piccioncini, prosciutti, lingue di bue, salami, due quarti di vitella pasticciati, pasticci di polanchette d'India, e alcuni pezzi di carne di caccia salati all' Inglese.

---

1. Le *Diarium* de la légation précédente.

Seguivano nel 3° luogo gl' arrosti, ne quali erano ogni sorte d'uccellami, come fagianotti, palombelle, tortore, quaglie, pulcinelli, piccioncini, hortolani, polli d'India, pernici, pavoncelli, pollanche da essi chiamate gelinot, capponcelli, cigni giovani, anatrelle, leprotti, melangoli, capperi, limoni e olive.

Il 4° da esso (*sic*) veniva chiamato *Entremets chaux*, qual era mescolatosi (*sic*) di pesce come di carne. In queste furono lucci, trote, reine, tartarughe porchette, frittate con muschio et ambra, peducci, rognon di montone, animelle di vitella, carciofi arrosto e allessi, cardi e pasticci di torsi di carciofi, pasticci di carne di caccia, sulmoni, storioni, cavol fiori, teste di cigniali.

Il quinto servito era d'uuova acconcie in diverse maniere, pignoli, confetti, mandorle, torte di pistacchi in più maniere, bianco mangiare di più sorte di colori, gellatine all' istessa maniera, biscottini, frittelle, pasticci d'ogni sorte di confetture.

Seguivano le frutte (*sic*) quali erano distinti (*sic*) in tre serviti : il primo de quali da loro era detto *Fruitt* (*sic*) *de four*, nelle quali venivano comprese alcune torte di marzapane ornate d'ogni sorte di confetture. Torte di fior d'arancio, confetti con fondo pur di marzapane, torte d'abbicocche, di ciriege, d'uva spina e d'agresto, et alcune altre di zucchero gelato.

Il 2° servito era di frutte crude, et in queste erano varie sorte di pere, ciriege, sussine e datteli (*sic*), fichi, pesche carote e d'altra sorte, e melloni.

L'ultimo servito era di frutte confette, cioè conserve di limone, d'uva spina, di viole mammole, di finocchio, di rose, biscottini di zucchero, susine, pere, mele, uva spina, ciriege.

A tavola non corsero altre parole senon che il re, essendo inanzi ambedue loro una testa di cignale per ciascuno, disse al s^r^ card^le^ che quella che gli era inanzi era d'un cignale preso il giorno avanti o poco prima dal mareschial di Vitri. Non l'intendendo bene il s^r^ card^le^ li fu da monsù Perfetto replicato quel che S. M. haveva detto.

Non vi fu musica, o altro trattenimento, nè meno apparecchio di credenza, nè bottiglieria.

Stavano a vedere il banchetto quantità di dame principesse nella ringhiera di legno che è in testa della sala rincontro a dove si mangiava, che è solita in occasione de Balli a servire ai musici. Fra dette esse, vi erano la principessa di Condé, la duchessa d'Angouslem, la Montmoranci et altre, fra le quali eravi ancora era (*sic*) la regina regnante, in modo però che vedeva senz' esser vista e si ritirò pocho doppo che si erano assisi a tavola. Finita la tavola fu dagli stessi fatto il rendimento di grazie e portat da lavar le mani... (Bibl. Barberini, fol. 260 v°-268 v°.)

II.

COMPTES

DES

BATIMENTS DU PALAIS DE FONTAINEBLEAU

POUR LES ANNÉES 1639-1642.

Le marquis de Laborde a publié dans la *Revue universelle des arts*[1] des extraits de quatre volumes des comptes des bâtiments du palais de Fontainebleau pour les années 1639-1642. Ces volumes faisaient alors partie de la Bibliothèque municipale de Nevers dans laquelle ils étaient entrés on ne sait comment, et le marquis de Laborde terminait ainsi l'*Avant-propos* de sa publication : « Ces comptes de bâtiments ne peuvent donc nous donner des renseignements bien importants, mais ils auraient une véritable utilité pratique si le gouvernement pouvait obtenir, par quelque juste transaction, leur dépôt dans la bibliothèque du château de Fontainebleau. L'architecte de cette belle résidence trouverait dans leur étude des indications précieuses sur les altérations au plan primitif et sur des changements graves qui, loin de faire autorité, devraient disparaître dans une restauration. »

Le marquis de Laborde se montrait peut-être un peu sévère pour ces comptes dont il n'a jugé à propos d'extraire qu'une quinzaine de pages d'impression; on verra que ces volumes contiennent en réalité une foule de renseignements curieux qu'il est bon de mettre en lumière et de publier. Dans tous les cas, le vœu émis par le savant directeur des archives de France a été en partie exaucé; si aucun architecte jusqu'ici n'a songé à les utiliser, les volumes ont du moins fait retour à la bibliothèque du palais de Fontainebleau. Quand Champollion-Figeac entreprit la rédaction de son grand ouvrage sur le palais de Fontainebleau, ouvrage qui du reste fourmille d'erreurs et de lacunes, il obtint, en 1866, d'échanger les manuscrits possédés par la bibliothèque

1. Tome IV (1856), p. 206-218.

de Nevers contre des imprimés. Il se servit de ces Comptes pour son ouvrage et depuis lors ils font partie de la Bibliothèque du palais de Fontainebleau.

L'existence de ces volumes est peu connue, car M. J. Guiffrey, dans l'introduction des *Comptes des bâtiments du roi*[1] qu'il a publiés dans la collection des *Documents inédits relatifs à l'histoire de France*, déclare qu'il n'a pu découvrir où étaient passés les volumes décrits et analysés par le marquis de Laborde dans la *Revue universelle des Arts*.

Ce dernier, dans les extraits qu'il a publiés, ne s'est guère préoccupé que de mettre au jour quelques noms d'artistes nouveaux, de recueillir quelques détails peu connus sur les artistes dont la biographie contenait encore de regrettables lacunes. Champollion, à son tour, a publié de ces comptes une sorte d'analyse des plus inexactes[2], de sorte que la publication en est encore à faire et qu'on peut les considérer comme inédits.

Ces comptes forment quatre volumes in-folio, écrits sur papier et reliés en maroquin vert aux armes de France. Chaque volume contient les comptes d'une année :

Tome I : année 1639; 685 feuillets.

Tome II : année 1640; 398 feuillets.

Tome III : année 1641; 200 feuillets.

Tome IV : année 1642; 372 feuillets.

On peut voir par la simple indication du nombre des feuillets de ces volumes qu'une publication *in extenso* est impossible. Ce serait du reste s'exposer à imprimer plusieurs fois les mêmes indications qui reviennent périodiquement aux différents chapitres de la *Construction*, *Couverture*, *Serrurerie*, etc. Nous avons pensé que des extraits étendus suffiraient pour faire connaître tout ce que ces comptes peuvent présenter de véritablement intéressant. Ils peuvent fournir un très grand nombre d'indications au sujet de la topographie des divers appartements du château, et surtout de très utiles données sur les restaurations et les reprises en sous-œuvre de beaucoup de parties de l'édifice au sujet desquelles on discute depuis longtemps sans pouvoir s'accorder complètement. Le chiffre même des dépenses prouve surabondamment que, pendant ces quatre années, les travaux furent très activement poussés

1. Page VI.
2. *Le Palais de Fontainebleau*, p. 318-334.

à Fontainebleau : le chiffre total se monte à plus de 412,000 l. Ces comptes ont enfin un autre intérêt : c'est de nous permettre de contrôler la description du P. Dan qui date de la même époque (1642) et dont la véracité peut ainsi être mise à une sérieuse épreuve, dont elle sort du reste à son honneur.

Nous avons pensé qu'il ne serait pas inutile de reproduire ici même les passages déjà publiés par le marquis de Laborde; on les trouvera à leur ordre de feuillets. Quant aux notes, nous avons dû nous montrer aussi sobre que possible et nous borner à renvoyer à l'occasion au *Trésor des merveilles de Fontainebleau*, car autrement il faudrait faire un commentaire perpétuel du texte et entrer dans des développements que ne comportent pas les *Mémoires de la Société de l'histoire de Paris*.

Émile MOLINIER.

COMPTES DES BATIMENTS DU CHATEAU DE FONTAINEBLEAU.

Année 1639.

[Fol. 1 r°.] Estat general par le menu des ouvrages, reparations et despenses faictes pour les bastimens du chasteau de Fontainebleau, hostelz, maisons, pavez, jardins et lieux qui en deppendent; ensemble pour les gages d'officiers, entretenemens ordinaires, achapt d'heritages, meubles, mathériaux et autres frais durant l'année 1639, suivant les marchez, prisées et receptions d'ouvrages, ordonnances et mandements expediez par mestre François Sublet, seigneur de Noyers, conseiller du Roy en ses conseils, secrétaire d'Estat, surintendant général des bastimens de France, capitaine et concierge, surintendant et ordonnateur des bastimens du dict chasteau, deuement veriffiez, controllés, arrestés et enregistrez par Monsr de Donon, conseiller de Sa Majesté et trésorier général de ses bastimens, et les deniers payés par M. Raphaël de la Planche, aussi conseiller de Sa Majesté et trésorier général de ses bastimens, le tout ainsi qu'il suit.

Premièrement. — *Massonnerie.*

[Fol. 1 r°.] A Allexandre Franchine, ingenieur ordinaire du Roy, par ordonnance de mondit seigneur de Noyers du sixiesme janvier MVI^c trente neuf, la somme de trois cens livres sur six cens trente sept livres quatorze sols restant à payer de mil trente sept livres quatorze sols, à quoy se sont trouvé monter et revenir les ouvrages de maçonnerie, corrois, chenaux de plomb, soubzpape de bronze, gros fer, et autres par luy faictz et fournis à la construction d'une bonde et descharge à l'un des canaux du grand jardin dudit chasteau, particulierement declarez en la reception, prisée et estimacion qui a esté faicte desdictz ouvrages, en la presence dudit sieur de Donon, par Claude Martin et Jean Grognet, maitres massons demeurans audict Fontainebleau, experts et à ce deputez, le sept^e des dictz mois et an. Et ce avec et pardessus IIII^c l. qu'il a cy devant receues sur les dictz ouvrages, cy . . . . III^c l.

[Fol. 6 r°.] Plus avons trouvé avoir esté faict le percement et cueillement avecq plastre d'une porte cochere dans le mur de closture dudict grand jardin, près le pavillon où loge Monsieur le duc de Chevreuse, pour la commodité des ouvriers et passage des matheriaux quand il conviendra travailler esdictz lieux, ladicte porte contenant huict piedz de hault et sept piedz et demy de large, garnie de deux linteaux de charpenterie, chacun de dix piedz de long, et de dix poulces de gros, avecq un seuil de gresserie taillée, picquée, ce que nous avons prisé et estimé à la somme de . . . . XXXVI l.

[Fol. 7 r°.] Audict Franchine, par ordonnance du XXIe janvier MVI^c trente neuf, pour premier payement et sur estantmoings des ouvrages de massonnerie, de pierre de taille, de gresserie, cymen et aultres qu'il convient faire pour Sa Majesté, pour la refection à neuf de plusieurs marches, bordures et coquilles des fontaines dudict chasteau [fol. 7 v°], suivant la prisée et estimation qui sera faicte en fin desdictz ouvrages la somme de . . . . IIII^c l.

A luy par ordonnance du XIIIe may MVI^c trente neuf sur estantmoins desdictz ouvrages oultre et pardessus qu'il a cy devant receues sur iceux la somme de . . . . IIII^c l.

A luy par ordonnance du premier juin audict an sur estantmoins desdictz ouvrages, oultre VIII^c livres qu'il a cy devant receus sur iceux la somme de. . . . . II^c l.

A luy par ordonnance du VIIIe aoust MVI^c trente neuf, pour son reste et parfaict payement de XV^c IIII^{xx} VI l. XVI s. II d., à quoy se sont trouvez monter et revenir les susdictz ouvrages particulierement declarez en la reception faicte d'iceux en la présence dudict sieur controlleur general le IIIIe jour desdictz mois et an, par François Jamin, architecte, et Claude Martin, maître masson, et en oultre et pardessus mil livres qu'il a cy devant receues sur lesdictz ouvrages, la somme de. . . . . V^c IIII^{xx} VI l. XVI s. II d.

[Fol. 8.] A la fontaine de Persée[1], sur la terrasse et ballustrade de l'estang, avons trouvé avoir esté faict de neuf douze thoises deux pieds de bande de gresserie et plusieurs pièces taillées, layées et pollyes au

---

1. Cette fontaine est gravée dans le *Trésor des merveilles de Fontainebleau*; sur la cour de la Fontaine, voyez le même ouvrage, p. 34-38.

lieu de celle de liais qui y estoit toutte rompue et delittée . . . . IIII^xx^ XVIII l. XIII s. IIII d.

A la fontaine du Tybre.

[Fol. 11 r°.] Avons trouvé avoir esté faict et fourny de neuf de pierre de gresserie, taillée, layée et pollye, les quatre grandes cocquilles servans à recevoir l'eaue des quatre vazes de bronze estans aux encoigneures de la dite fontaine, chacune contenant quatre piedz de long, quatre piedz de large et un pied de hault, garnyes de leurs descharges suivant les modelles arrestez par mondit seigneur de Noyers, qui, pour cet effect, nous auroient esté representez par ledict Franchine; lesquelles cocquilles nous avons prisées et estimées cent cinquante livres la pièce, eu esgard aux grands fraiz et despenses qu'il a convenu faire tant pour la fouille et fente de la pierre en lieu esloigné et malaisé, chariages et voictures d'icelle, que pour la longueur de la taille, posage et maçonnerie, qui seroit pour les quatre ensemble la somme de six cens livres, cy . . . . VI^c^ l.

Aux quatre fontaines dans le grand parterre.

[Fol. 12 v°.] Avons trouvé avoir esté faict de neuf trois thoises et demyes de bordure de pierre de gresserie en plusieurs pièces au pourtour de la fontaine du premier carré dudict jardin, vis-à-vis la salle [fol. 13 r°] du bal, au lieu de celles qui y estoient rompues et delittées, ayant un pied de large et huict poulces de hault, taillées, layées et pollyes et garnies de moullures par dedans et par dehors, suivant le desseing observé à ladicte fontaine, posé et joinctoyé avecq chaux et cyment; ce que nous avons prisé et estimé à raison de dix livres pour chacune thoise courante, qui feroit ensemble la somme de . . . . XXXV l.

Plus a esté desmolly, remanié et reposé en chaux et cyment le reste de la vieille bordure au pourtour de ladicte fontaine, à cause qu'elle estoit hors d'allignement, revenant à huict thoises et demie, qui, à raison de douze sols pour chascune thoise, à quoy nous l'avons prisée, vallent la somme de . . . . CXII s.

A la fontaine de la Court d'offices.

[Fol. 15 r°.] Avons trouvé avoir esté faict et fourny de neuf une grande marche de pierre de gresserie, au pallier d'entre le grand bassin et les niches où sont les masques, contenant six pieds de long, douze et seize poulces de large et de dix poulces d'espoisseur, taillée et picquée avec moullures, suivant la vieille, ce que nous avons prisé et estimé à seize livres pour ce, cy. . . . . XVI l.

Plus a esté faict le relevement, restablissement et reposage en chaux et cyment de touttes les aultres marches dudict pallier, contenant ensemble quatre thoises de pourtour sur six piedz de large, ce que nous avons prisé et estimé à la somme de . . . . xii l.

Plus a esté faict et fourny un petit thuyau de plomb de six piedz de long et d'un poulce et demy de diamestre, servant à jetter l'eau de l'un des petis bassins dans le grand bassin, poisant vingt deux livres, qui, à raison de trois sols la livre, à quoy nous l'avons prisée et estimée, vallent la somme de soixante six sols, cy . . . . . lxvi s.

[Fol. 16 v°.] A la fontaine dans le jardin de monseigneur le Prince, à cause que l'on a levé l'eaue de l'abreuvoir que Sa Majesté a faict faire de neuf...

[*Massonnerie.*]

[Fol. 18 r°.] A Jean Grognet, me masson, demeurant à Fontainebleau, par ordonnance dudict seigneur de Noyers du xxie janvier mvic [fol. 18 v°] trente neuf, la somme de trois cens livres pour premier payement par advance et sur estantmoings des ouvrages de massonnerie qu'il a entrepris et doibt faire, tant pour le dessellement et ressellement des poultres de la gallerie des cerfz, que restablissement du plancher de la gallerie de la Royne, au dessus, audict chasteau, suivant le marché fait aveq luy le dixiesme jour dudict mois de janvier, cy . . . . iiic l.

A luy par ordonnance du douziesme jour d'aoust mvic trente neuf sur estantmoings desdictz ouvrages, oultre iiic qu'il a cy devant receues sur iceux. . . . . vic l.

A luy par ordonnance du xxvie septembre mvic trente neuf, sur estantmoings desdictz ouvrages, oultre ixc qu'il a cy devant receues sur iceux. . . . . iic l.

A luy encores par ordonnance du xxviiie [fol. 19 r°] mars mvic quarante, la somme de iiic lxvii l. xvi s. pour reste et parfaict payement de xiiiic lxvii l. xvi s., à quoy se sont trouvez monter les susdictz ouvrages particulierement declarez au thoisé et reception-faictz d'iceux le xxiiie novembre mvic trente neuf, en la presence dudict sieur controlleur general, par Nicollas Messier, juré du Roy ès œuvres de massonnerie, à Paris, et Arnoul Poictevin, me masson audict lieu, et ce oultre et pardessus xic l. qu'il a cy devant receuz sur lesdictz ouvrages, cy . . . . iiic lxvii l. xvi s.

[Fol. 19 r°.] La massonnerie de l'aire en plastre et pavé de petit carreau de terre cuite, assis en plastre pour le plancher de la gallerie de la Royne, contient xvi th. de long sur iii th. i de large, vallent . . . . vixx xiiii th. xc xiiii p.

[Fol. 19 v°.] Le petit socle de plastre faict soubz le lambris du pourtour de ladicte gallerie, à cause que le plancher a esté rabaissé à vi th.

Les embrazemens des trois portes dans ladicte gallerie, esvalluées ensemble . . . . demie th. IX p.

Les embrazemens des vingt croizées de ladicte gallerie contiennent chascune cinq pieds et demy de long sur un pied et demy de large, vallent ensemble . . . . IIII th. demie III p.

Les atres des deux cheminées faictes de neuf, esvalluez ensemble . . . . demie th.

[Fol. 20 v°.] Audict Grognet, par ordonnance du XXI[e] janvier MVI[c] trente neuf, la somme de IIII[c] l. pour premier paiement par advance et sur estantmoings des ouvrages de massonnerie qu'il a entrepris et doibt faire, pour la refection à neuf dudit chaperon de la closture du parcq dudict chasteau, lequel sera tout de bricque, suivant le marché faict avecq lui le dixiesme jour desdictz mois et an, cy . . IIII[c] l.

[Fol. 21 v°.] Audict Grognet, par ordonnance du XXI[e] janvier MVI[c] trente neuf, la somme de quinze cens quarante trois livres dix solz pour premier payement, par advance et sur estantmoins des ouvrages de massonnerie de pierre de taille, de gresserie et aultres, pour le rempiettement et reprinses des murs, tant dedans que dehors la bas-secourt où estoit le Cheval Blanc dudict chasteau, suivant le marché faict avecq lui le dixiesme jour desdictz mois et an, cy . . . . XV[c] XLIII l. X s.

A luy, par ordonnance du premier juillet 1639, ... oultre 1543 l. X s. . . . . XVIII[c] l.

A lui, par ordonnance du XXII[e] aoust 1639. . . . . M l.

[Fol. 22 r°.] A luy encore, par ordonnance du XXVIII[e] mars MVI[c] quarante, pour reste et parfaict payement desdictz ouvrages particulierement declarez au thoisé et reception d'iceux faicte par Nicollas Messier, juré du Roy ès œuvres de massonnerie, à Paris, et Arnoul Poictevin, m[e] masson audict lieu, en la presence dudit s[r] controlleur general, le XXI novembre MVI[c] trente neuf, et ce oultre et pardessus IIII[m] III[c] XLIII l. X s. qu'il a cy devant receues sur lesdictz ouvrages, la somme de . . . . III[c] LXXVI l. I s.

Duquel thoisé et reception faict par lesdictz expertz, la teneur ensuit.

Les deux assizes l'une sur l'aultre de [fol. 22 v°] pierre de taille, de gresserie, taillées et picquées, portant chascune quinze poulces de hault faisant retraicte d'un poulce chacune, regnant de nyveau, et le restablissement et ravallement des murs, pillastres, plinthes et aultres ornements de bricques de fondz en comble, faictz suivant le marché pour l'un des costez de ladicte court, en la fassade et rempietement de la grande gallerie, contient LXV th. demie de long à prendre depuis le pavillon au bout de la dicte gallerie où loge Monsieur de la Vrilliere, secretaire d'Estat, jusques au fossé qui, à raison de XI l. pour thoise, suivant ledict marché, monte à la somme de . XII[c] XX l. X s.

Le residu de fondz en comble de ladicte gallerie passant le long du fossé, depuis l'aspuis jusques au coing du pavillon des poesles, contient xv th. v^c^ de largeur qui, à raison de xi l. pour thoise, monte à la somme de . . . . clxx l. x s.

[Fol. 23 r°.] La taille et saillye des vingt cinq pillastres de ladicte fassade [de la grande gallerie], tant en la consistance des dictz assizes que au dessus, evalluée ensemble, le fort rapporté au faible, vii th. et demie qui, à raison de unze livres pour thoise, vallent la somme de quatre vingtz deux livres dix solz, cy . . . . iiii^xx^ ii l. x s.

[*Grande Gallerie.*]

[Fol. 23 v°.] Audit Grognet, les deux assizes l'une sur l'autre de pierre de taille comme dessus, avecq les restablissemens et ravallemens de fondz en comble de l'aultre fassade de ladicte court du costé de l'hostel de Guyse, à prendre depuis ledict pavillon où loge Monsieur de la Vrilliere jusques au pavillon du coing où logent les victriers, contiennent lx th. de longueur qui, à raison de unze livres pour thoise courante, suivant le marché, monte à la somme de 660 l., cy . . . . vi^c^ lx l.

[Fol. 24 r°.] La pierre de taille, taille d'icelle et saillie des dix huict pillastres de ladicte fassade, esvalluez ensemble quatre thoises et demye qui, à raison de xi l. pour chacune, vallent la somme de. xlix l. x s.

Les trous et scellement faictz en plastre de trente six crochetz d'un pied de longueur pour le corps de garde et sous le portail vers l'hôtel de Guise, ce que nous avons prisé et estimé ensemble à la somme de xii l., cy . . . . xii l.

Les renformis et enduictz de mortier de chaux et sable blanc, avec le ragrement de la bricque et restablissement des pilastres contre les murs soubz le portail, contiennent ensemble ix th. de long sur vii piedz de hault, jusques au carré, vallent treize thoises et demye, qui, à raison de lx s. pour thoise, à quoy nous l'avons prisée [fol. 24 v°] et estimée, monte à la somme de quarente livres x solz, cy . . xl l. x s.

Les enduictz et ragraiement des arcz doubleaux de bricque faictz pour la voulte dudict portail, contiennent iiii th. demie de long sur quatre thoises de pourtour, vallent xviii th., à ladicte raison de lx s. pour thoise, montent à la somme de. . . . . liiii l.

Les deux assizes l'une sur l'autre, ravallement et ragraiement de fondz en comble de l'autre pan de ladicte court pour le [fol. 35 r°] rempiettement et restablissement d'icelluy à prendre depuis ledict pavillon du coing des vittriers presques au mur du fossé vers le jeu de paulme, contient lxvii th. de longueur qui, à ladicte raison de xi l. pour thoise courante, suivant ledict marché, monte à la somme de . . . . vii^c^ xxxvii l.

[Fol. 25 v°.] La saillye des vingt deux pillastres de la dicte fassade, tant en la consistance desdictz assizes que au dessus, evalluez ensemble, le fort au foible, à sept thoises et demye, qui, à raison de XI l. pour thoise, vallent la somme de . . . . IIII^XX II l. X s.

Le scellement en plastre de cinquante sept crochetz pour le grand corps de garde, et soubz le portail du costé du bourg, vallent ensemble la somme de . . . . XXIIII l.

[Fol. 26 v°.] Les restablissemens, ravallement et enduictz avec les ragraiemens des pillastres, plintes, lucarnes et cheminées de fondz en comble, faictz conformément au marché pour le dehors de ladicte court à prendre depuis le pavillon au bout, sur le jardin des pins, presques au coin du pavillon des vittriers, contiennent soixante six thoises de longueur qui, à raison de cent dix solz pour chascune thoise courante, suivant ledict marché, vallent la somme de. . . . . III^C LXIII l.

Les restablissemens, ravallemens, enduictz et ragraiemens faictz comme dessus aux saillies et costez des sept pavillons, tant grandz que petitz, de ladicte fassade, contiennent ensemble quinze thoises de longueur qui, à ladicte raison de cent dix sols pour [fol. 27 r°] thoise courante, montent à la somme de. . . . . IIII^XX II l. X s.

Les ravallemens de fondz en comble, ragraiement et restablissemens faictz au retour de ladicte court à prendre depuis ledict pavillon des vittriers jusques au logement de monsieur de Chauvigny, secrétaire d'Estat, contiennent cinquante-six thoises de longueur qui, à la susdicte raison de 110 s. pour thoise courante, suivant ledict marché, vallent la somme de . . . . III^C VIII l. X s.

Les restablissemens, reprinses et ravallemens faictz aux neuf retours et saillies des grands et petits pavillons de ladicte fassade, contiennent ensemble douze thoises de pourtour qui, à la susdite raison de 110 s. pour chacune thoise [fol. 27 v°] courante, reviennent à la somme de. . . . . LXVI l.

[*Perrons du grand jardin.*]

[Fol. 38 r°.] Audict Grognet, par ordonnance du treiziesme [fol. 38 v°] aoust MVI^C trente neuf, pour premier payement et sur estantmoings des ouvrages de massonnerie, de pierre de gresserie taillée, picquée et aultres, qu'il a faictz et continue faire à la construction des perrons que Sa Majesté a commandé estre faictz pour les dessentes et entrées de son grand jardin dudict chasteau, suivant le marché pour ce faict avecq lui le septiesme janvier dernier passé, la somme de. . VI^C l.

[Fol. 39 r°.] Les six marches, pallier et seul de pierre de gresserie taillée et picquée, du perron faict en auvalle, à l'entrée dudict jardin, près le corps de garde, reviennent ensemble à . . . . XXIII th.

Les cinq marches, pallier et bordures de pierre de taille de gresserie au derriere, faictes pour le perron servant à descendre de la terrasse du dict jardin dans l'allée du milieu tirant au Tibre, reviennent ensemble à . . . . xxvii th. i p. demie.

[*Hôtel d'Albret.*]

[Fol. 70 r°.] La reprinse du mur dans le jardin du sieur Cousin, pour soustenir la chapelle dudict hostel [d'Albret], avecq grandz coingz battardz assommeillez, massonnez avecq chaux et sable, contient neuf piedz de long sur sept piedz de hault, vallent . i th. ix p.

[Fol. 71 r°.] Audit Grognet, par ordonnance du vingt septiesme may mvi^c trente neuf, pour premier payement et sur estantmoings des ouvrages de massonnerie qu'il a faictz et continue faire durant la presente année, en plusieurs endroictz du chasteau dudict Fontainebleau, pour la restauration, accommodement et restablissement desdictz lieux et en esvitter sa tottalle ruyne, desquelz ouvrages ledict Grognet sera payé suivant la prisée et estimation qui sera faite d'iceux par expertz, qui seront à ce faire par nous commis et depputez, la somme de. . . . . m l.

[Fol. 71 v°.] Second paiement : 7 juillet 1639, 2,000 l.

Troisième paiement : 5 novembre 1639, 1,000 l.

Quatrième paiement : 24 janvier 1640, 4,098 l. 17 s.

[*Pavillon de la Fonderie.*]

[Fol. 92 v°.] La reprinse du mur au dessus de la croisée de la tour du pavillon de la fonderie, au coing du grand jardin, où loge monseigneur le Prince, contient douze piedz de pourtour sur six piedz de hault, vallent . . . . ii th.

La plinte et l'appuis de bricque faictz de neuf audict lieu, contiennent chascun douze piedz de pourtour sur un pied de hault, vallent ensemble . . . . demie th. vi p.

[*Porte du parc.*]

[Fol. 104 r°.] Plus et oultre ce que dessus, avons trouvé avoir [fol. 104 v°] esté faict par ledict Grognet le percement du mur de closture du grand parcq dudict chasteau, pour faire la bée d'une porte au logement des oyseaux, pour sortir aux champs du costé du provenceau, afin que Sa Majesté y puisse comodement passer à cheval, et faict ladicte porte de pierre de gresserie, taillée et picquée, contenant six piedz et demy de hault sur quatre piedz et demy de large, garnye de quatre piedz droictz, quatre lanssis (*sic*), sept voulsoirs, deux impostes et un seuil, ce que nous avons prisé et estimé, tant pour pierre taillée d'icelle, posage et massonnerie, restablissement du mur, chaux, sable, chariage et peine d'ouvriers, à la somme de. xlv l.

Plus avons trouvé avoir esté faict la construction d'une porte cocherre dans la [fol. 105 r°] dicte closture, à l'entrée du logis des Heronnieres, du costé des champs, vers le rocher d'Avons et chemin de Moret, contenant douze pieds de large et douze piedz de hault, soubz clef, garnie de piedz droictz, sommiers et voulsoirs de pierre de gresserie taillée et picquée, ce que nous avons prisé et estimé, tant pour pierre, taille d'icelle maçonnerie, posage, restablissemens des traverses du mur, chaux, sable, chariages, ceintre et peyne d'ouvriers à la somme de cent livres, cy . . . . c l.

[*Cour du Cheval Blanc.*]

[Fol. 105 r°.] Audict Grognet, par ordonnance du dix [fol. 105 v°] huictiesme juillet MVIc trente neuf, pour premier paiement et sur estantmoins des ouvrages de massonnerie de pierre de taille, de gresserie et aultres qu'il a faictz et continue faire pour le Roy durant la presente année, tant pour le rempiettement des murs de dehors la Court du Cheval Blanc dudict chasteau, perrons des logemens de ladicte Court et des offices que murs d'appuis du fossé en l'estendue de ladicte Court, et du passage du logement des relligieux Mathurins fondez audict lieu, desquelz ouvrages ledict Grognet sera payé, selon la prisée et estimation qui en sera faicte cy après de nostre ordonnance, la somme de . . . . VIIIc l.

[*Église du Bourg.*]

[Fol. 118 r°.] A Nicolas Messier, juré du Roy ès œuvres de massonnerie, pour la refection des lambris de l'église que Sa Majesté a faict bastir dans le bourg de Fontainebleau . . . . VIIc L l.

[*Massonnerie.*]

[Fol. 122 r°.] Audict Messier, par ordonnance du 1er juin 1639, pour les ouvrages de massonnerie de pierre de taille de Sainct Leu, lyais et aultres qu'il a faictz et continue faire, tant les reprinses, refection et revestement du pavillon des Poesles dudict chasteau que restablissement des cimaises et corniches des autres pavillons attenans, ravallement de la tour d'orloge, cadran d'icelle, pavillon des Armes et fassade de la Court du Cheval Blanc, et encores pour le restablissement des murs du logement de la Royne, avec le balcon et terrasse de l'escalier double du Donjon, passage et entrée du dict Donjon du costé de la Court des Offices et plusieurs autres endroictz dudict chasteau, desquels ouvrages ledict Messier sera payé, suivant la prisée et estimation qui en sera faicte, iceux estans faictz, attendu la necessité d'y travailler promptement, la somme de . . . . IIm IIc l.

[Fol. 123 v°.] A luy encore [Nicolas Messier] par ordonnance du

28e jour de mars 1640, la somme de 3,716 l. 13 solz, pour son reste et parfaict payement de 15,366 l. 13 solz, à quoy se sont trouvés monter les dictz ouvrages ainsy qu'ils sont particulièrement déclarez en la dicte reception, prisée et estimation qui a esté faicte d'iceux, en la presence du dict controlleur general, par Arnoul Poictevin, me masson à Paris, y demeurant ordinairement, et Claude Martin, aussy me masson, demeurant au dict Fontainebleau, expertz à ce deputez le 22e jour de novembre 1639 et ce oultre et pardessus 11,650 l. qu'il a cy devant receus sur les dictz ouvrages, cy . IIIm VIIc XVI l. XIII s.

[*Cour du Cheval Blanc.*]

Au pavillon des Poesles en la fassade la Court du Cheval Blanc :

[A Nicolas Messier, juré du roy es œuvres de massonerie, à Paris, ordonnance du 28 mars 1649.]

[Fol. 124 r°.] Le corps de la niche faict de neuf, proche [fol. 124 v°] l'angle en l'estage du rez de chaussée, le corps du pillastre, retour, pied droict et claveaux, le tout de pierre de Sainct-Leu, qui ont esté reprinses par dessoubz œuvre, contient douze piedz de hault, qui est la haulteur du corps du pillastre sur treize piedz de long et deux piedz et demy d'espoisseur, vallent quatre thoises douze piedz à raison de cent quatre vingtz livres la thoise tant pour pierre de taille de Sainct-Leu, chariage, ornemens d'architecture, demolitions, chaux, sable et eschaffaux, et consideré la qualité desdictz ouvrages, vallent à ladicte raison la somme de . . . . VIIc IIIIxx l.

Le corps du pillastre contient douze piedz de hault sur deux piedz un quart de face et dix poulces de saillye, vallent quinze piedz à raison de soixante et douze [fol. 125 r°] livres pour chascune thoise qui est à proportion de l'article cy dessus, vallent à la dicte raison la somme de . . . . XXX l.

[Fol. 125 r°.] Le corps du chapiteau, architrave, frize et corniche d'ordre toscane, qui sont de pierre de liais en cinq assizes, compris la cimaise pour une assize, sur neuf piedz de long, rapporté le fort au foible, et deux piedz et demy d'espoisseur, prisé deux cens soixante et dix livres chascune thoise courante en la dicte haulteur de cinq assizes tant pour pierre, que taille, chariage desdictes pierres, chaux, sable, desmolitions et eschaffaudages, vallent à ladicte raison la somme de. . . . . IIIIc V l.

Les ornemens dans la frize, deux festons, marques, bastons royaux, consolles, clef [fol. 125 v°] dans la niche et chiffre au-dessus de la croisée, prisé compris l'assize de Sainct-Leu, au droict de la suitte du corps dudict chapiteau soubz la ballustrade, ensemble la somme de C l.

La ballustrade soubz l'apuis de la croisée de l'estage au dessus, entre les deux corniches, contient dix piedz de long et trois piedz trois quartz de hault, et deux piedz d'espoisseur à cause du liais derriere où il y a cinq assizes, et où sont sculpez les bastons royaux, prisé tant pour pierre que taille, massonnerie, et ornemens, ensemble la somme de . . . . II^c LX l.

La cymaise de lyais sur l'autre corniche de [fol. 126 r°] l'autre corps en suitte contient neuf piedz de long sur deux piedz et demy de hault, compris la tranchée, prisé 62 l. 10 s. pour chacune thoise courante de la dicte cymaise, tant pour pierre que taille et massonnerie, considéré le lieu où elle est employée, vallent audict prix la somme de . . . . IIII^xx XIII l. XV s.

L'assize de la corniche au droict de la mouchette contient quatre piedz de long sur deux pieds de large, compris la tranchée, prisé à raison du prix de l'article precedente (*sic*), la somme de . . . . XL l. XVI s. VIII d.

Le corps de la niche, pillastre et partie de la croisée en l'estage au-dessus contient quatorze pieds de long sur unze pieds et demy de hault et trois piedz d'espoisseur, montant à quatre thoises dix sept piedz, à raison de 189 l. la thoise, sur le pied de l'estage au dessous et considéré son espoisseur, vallent la somme de . VIII^c XLV l. V s.

[Fol. 126 v°.] Les deux assises qui portent le socle et baze, l'une de lyais et l'aultre de grez, et pareille chose au pillastre dans l'angle et la pose d'une ancienne basse (*sic*) à cause de la reprinze, comprend six piedz dix poulces de hault, compris l'architrave, frise et corniche de lyais au dessoubz, sur cinq thoises de longs et trois piedz d'espoisseur, prisé 430 l. la thoise courante, aux considérations que dessus, vallent à ladicte raison la somme de . . . . II^m CL l.

La cymaise de lyais au dessus contient cinq thoises un pied de long sur quatre piedz de large, estimé soixante deux livres diz solz chacune thoise courante, aux considérations cy dessus, vallent audict prix la somme de . . . . III XXII l. XVIII s. IIII d.

Le scellement de quatre croisées dudict costé, esvallué chacune à demye thoise, qui est ensemble II thoises...

[Fol. 128 v°.] A la terrasse entre les deux escalliers en suitte, une pierre de cymaise à la ballustrade de trois piedz sur un pied, et une pièce de corniche de lyais de deux pieds et demy de large sur trois piedz de long, et pour ce faire remassonné trois pierres de cymaises, par dessus prisé pour pierre, taille et massonnerie, ensemble la somme de . . . . XXIIII l.

[Fol. 129 r°.] Au pavillon en suitte du pavillon des poesles, à costé du grand perron, a esté faict en la face de devant les quatre chapiteaux doricques, fermeture des croisées, arquitraves, frizes et corniches de pierre de Sainct-Leu, contenant cinq thoises de long sur quatre piedz et demy de hault et trois piedz d'espoisseur, vallent trois thoises et demy neuf piedz, prisé chacune thoise cent quatre vingtz neuf livres, estant de pareille qualité que le huictiesme article des prisées cy dessus, vallent audict prix la somme de. . VII^{c} VIII l. XV s.

[Fol. 129 v°.] L'assise de cymaise de lyais, tant au dessus que auz costez, contient dix thoises de pourtour sur deux piedz et demy de large, tant pour pierre que taille et massonnerie . . . . . V^{c} l.

L'arquitrave, frise et corniche, aussy de pierre de Saint-Leu, de l'un des costez du dict pavillon, soubz la cymaise devant comptée, du costé de la première terrasse, contient quinze pieds de long sur trois piedz un quart de hault et trois piedz d'espoisseur . . . . II^{c} LV l. XVIII s. VI d.

Les crespis de chaux et grez des pans de murs par hors-d'œuvre contiennent douze thoises de pourtour sur trois thoises de hault, cy . . . . CVIII l.

[Fol. 131 v°.] Le desbouchement de la croisée de l'antichambre de la Royne mère sur la terrasse, et bouchement de l'apuis, évallué à . . . . I th.

Les crespis et joinctz des pierres du mur le long de la terrasse jusques à la porte de la terrasse, jusques à la porte de la petite montée pour aller au cabinet des peintures [fol. 132 r°], contiennent unze thoises de long sur trois piedz de hault, vallent à mur. . I th. XIII p.

Le percement de la porte soubz ledict escallier de l'antichambre contient huict pieds et demy de hault sur six piedz trois quarts de large, où il y a quinze quartiers de grez, un seuil de lyais de trois piedz un quart de long sur deux pieds de large, prisé pour pierre, taille, grez, massonnerie et rupture, ensemble la somme de . XL l.

[Fol. 132 r°.] La porte percée au droict de l'escallier du cabinet des peintures, au hault du grand perron, contient huict piedz et demy de hault [fol. 132 v°] sur six piedz et demy de large, faicte de pierre de Saint-Leu de deux piedz et demy d'espoisseur, deux assizes de liais qui est de la platebande et corniche, et le seuil de liais orné de deux consoles, chiffre, couronne, deux enffans et deux dauphins, prisé tant pour pierre et taille d'icelle aux considérations susdictz, ornemens de sculpture et architecture, ensemble la somme de . . . . . CL l.

[Fol. 134 v°.] [*Tour de l'horloge.*]

La massonnerie des pierres de Saint-Leu au droict où sera le cadran de l'orloge contient quatorze piedz et demy de long sur treize piedz et demy de hault et deux piedz et demy d'espoisseur, vallent cinq thoises [fol. 135 v°] quinze piedz trois quartz, prisé cent cinquante trois livres pour chascune thoise, tant pour pierre que taille, massonnerie, rupture, et considéré les eschaffaudages, vallent audict prix la somme de. . . . . VIII^{c} XXXI l. XVIII s. IX d.

Les plastres qui estoient jettez pour faire ledict cadran, auparavant que de s'estre advisé de le faire de pierre, prisé pour plastre et peines d'ouvriers, la somme de . . . . xxx l.

[Fol. 135 v°.] Les huict chapiteaux composite faictz de plastre au dessus des pillastres, estimez à la somme de. . . . . xxxiiii th.

[Fol. 136 r°.] [*Au cabinet des armes, proche le jeu de Paulme.*]

Les crespis avecq chaux et grez et les joinctz faictz de neuf contiennent trois thoises quatre-piedz de long sur neuf thoises de hault, vallent à mur . . . . viii th. ix p.

[Fol. 144 r°.] [*A la terrasse sur l'escallier de la Court de l'Ovalle.*]

[Messier, ordce du 1er juin 1639.] L'assize d'apuis de lyais contient sept thoises cinq piedz de pourtour sur treize poulces de large [fol. 144 v°], qui est au dessus de la terrasse sur ledict escallier, prisé 15 l. pour chacune thoise courante, qui vallent à ladicte raison la somme de . . . . cxvii l. x s.

Les deux assizes au dessus portant frize et corniche, faictz de gresserie, contiennent ensemble 10 thoises cinq piedz de pourtour, compris les retours au droit des collonnes, et de dix-huict poulces d'espesseur, rapporté le fort au faible, portant leur architrave de l'ordre composite, prisé à 30 l. chascune thoise courante, tant pour grez, taille, architrave, massonnerie et eschaffaudage, vallent audict prix la somme de. . . . . IIIc xxv l.

[Fol. 145 r°.] La terrasse pavée de lyais contient quatre thoises deux piedz et demy de long sur dix piedz de large, compris le recouvrement et dalles, vallent sept thoises treize piedz, prisé chacune thoise 72 l. tant pour lyais que chaux et cyment, engins et eschaffaudages et la qualité des grandes pierres vallent à ladicte raison . . . vc xxx l.

[Fol. 146 r°.] Les joinctz refaictz de neuf avecq chaux et grez, en joinctz couppez, de tous les corps de la terrasse, et ce tant dedans que dehors de fondz en comble, ensemble [fol. 146 v°] le ralongement d'une collonne, une partye de l'architrave reposée, et bout d'apuis au premier estage mis de neuf; pour lesquelz joinctz et ragremens ainsy refaictz, a esté faict les eschaffaudages nécessaires, prisé ensemble, pour pierre, chaux, grez, peine d'ouvriers et eschaffaudages, la somme de trois cens livres, cy. . . . . IIIc l.

[Fol. 147 r°.] Le coupement de la corniche et architrave de grez de la chapelle pour y poser le lambris de menuiserie, contenant vingt et une thoises de pourtour et avoir faict plusieurs tampons pour attacher ledict lambris, prisé la somme de . . . . xxx l.

La marche qui a esté retaillée à l'entrée de la chappelle, évallué à. . . . . vi p.

[Fol. 147 v°.] Le scellement de la barrière au devant de la Porte

Dorée et des sièges proche le mur de closture du jardin, évallué à . . . . II th. demie.

[Fol. 149 r°.] [*Au pont de l'entrée de la Court de l'Ovalle, du costé de la Court des cuisines.*]

La fondation du gros mur pour porter les Termes au devant de la dicte chaussée contient dix piedz de hault sur trois thoises de long et neuf piedz d'espoisseur, vallent pour trois murs quinze thoises, cy. . . . . xv th.

[*Cour des Offices.*]

[Pierre Bertrand, me masson, demt à Fontainebleau, ordonnance du 26 mai 1639.]

[Fol. 152 v°.] Avons trouvé avoir esté faict de neuf la massonnerie des pierres de taille pour la réfection du fronton de l'une des lucarnes sur le corps de logis de ladicte Court (des offices), entre le pavillon de la fontaine et celuy des fours du costé du grand jardin, à cause que le vieil fronton de pierre de Sainct-Leu estoit tout pourry et en partye tombé et, au lieu de ladicte pierre, a esté refaict de pierre de gresserie contenant treize piedz de pourtour, massonné avec mortier de chaux et grez en poudre, le tout proprement faict, taillé, picqué, layé et traversé avec joinctz carrez et en liaison, chacune pierre portant ses moullures et retours, suivant l'ordonnance des aultres frontons; ensemble faict le restablissement et ragrayement de la platte bande de bricque et gresserie de ladicte lucarne, ce que nous avons prisé et estimé, tant pour massonnerie, pierre de gresserie, taille, layement et posage d'icelle, massonnerie, eschaffaudages et peines d'ouvriers, à la somme de soixante livres, cy . . . . LX l.

[*Serrurerie.*]

[Fol. 164 r°.] A esté payé audict Simon Benoist, serrurier, dix sept livres dix sols pour avoir fourny et livré soixante et dix crochetz de fer battu, chascun de dix poulces de long, qui ont esté scellez au pourtour du dehors et environs dudict corps de garde [près l'entrée du donjon], pour mettre les armes et corcelletz des soldatz, à raison de cinq solz la pièce, cy . . . . XVII l. x s.

[*Chapelle Basse.*]

[Siméon Ganivet, entrepreneur, demeurant à Fontainebleau.]

[Fol. 171 r°.] Audict Ganivet, par ordonnance du dernier avril MVIc trente neuf, la somme de IIc XXII l. I s. pour son remboursement de semblable somme par luy frayée et advancée durant le mois de mars dernier passé, tant pour les fraiz, vacquations et journées d'ouvriers que [fol. 171 v°] pour achapt de matheriaux et autres choses nécessaires pour degraver et rejoinctoyer les pierres de taille de gresserie de la chapelle basse dudict chasteau, tant au pourtour et costez que à la voulte, affin de peindre et estoffer ladicte chappelle, ensemble pour coupper l'astragal au dessoubz de la corniche et pour la construction des murs de bricque servant à bouscher deux des arcades dudict lieu, ensemble pour le restablissement et accommodement des vittres, le tout ainsy qu'il est particulièrement declaré au roole pour ce faict, deuement verifflé et arresté par ledit sieur controlleur général le XVIIIe avril audict an, cy . . . . II^{c} XXII l. I s.

[Fol. 173 r°.] A esté payé à Simon Benoist, serrurier, la somme de seize livres deux sols pour trois grandes barres de fer plat, chacune de sept piedz et demy de long, servant de clavetiers pour tenir [fol. 173 v°] les vittres faictes de neuf à l'une des arcades bouchée de ladicte chappelle du costé de la salle du bal, poisant ensemble quarente six livres, compris les crochetz et clavettes, à raison de sept solz la livre, cy. . . . . XVI l. II s.

Audict Benoist la somme de huict livres dix huict solz, scavoir sept livres treize solz pour cinquante une verges de fer, chascune de vingt poulces de long, qu'il a fournies tant pour les vittres neufves de la dicte arcade que pour les vieilz panneaux des aultres où il y en avoit de mancque, à raison de trois solz la pièce, et vingt cinq solz pour cinquante clavettes par luy aussy fournies pour les susdictz vieilz panneaux, cy . . . . VIII l. XVIII s.

[Fol. 174 r°.] Audict Benoist encore douze solz pour avoir fourny six pattes de fer, scavoir deux pour tenir la N^{tre} Dame de bronze qui est au dessus de la porte de l'entrée de ladicte chapelle[1] et les quatre aultres servans à tenir le placard faict de neuf pour l'oratoire de la Royne, cy . . . . XII s.

A esté payé à Claude Tissarant, vitrier, la somme de trente une livres un sol pour avoir fourny trente panneaux neufs de verre de France pour l'une des croisées bouchée de ladicte chapelle, du costé de la salle du bal, à cause qu'il n'y en avoit poinct eu, scavoir douze grands panneaux, chacun de deux pieds six poulces et demy de hault sur un pied huict poulces de large, et dix huict [fol. 174 v°] petitz panneaux de plusieurs grandeurs pour le remplage du ceintre, revenant le tout ensemble à cinquante deux piedz de verre, à raison de neuf solz le pied de roy, à douze poulces pour pied, cy. XXXI l. I s.

[Fol. 174 v°.] A esté payé audict Tissirant (*sic*) la somme de dix huict livres pour avoir relevé la quantité de six vingtz petitz paneaux de verre de plusieurs longueurs et mesures pour le remplage des

---

1. Cette Vierge, bas-relief de bronze, est aujourd'hui au Musée du Louvre; Sculptures de la Renaissance, Supplément, n° 48.

ceintres desdictes six croisées et iceux nettoyez, raccommodez, posez et scellez avecq mortier de chaux, sable par dedans et par dehors comme dessus, à raison de trois solz pour chacun panneau, l'un portant l'aultre, cy . . . . xviii l.

[*Chaussée de l'étang et étang.*]

[Fol. 175 v°.] Les ouvriers massons qui ont vacqué et travaillé aux ouvrages de massonnerie, reprinses et rejoinctement des gros murs declarez cy dessus [servant de contrescarpe à la chaussée de l'estang et aux esperons et courtines du jardin estant dedans ledict estang].

A Anthoine Bignet, xxvii journ. à vingt quatre sols. xxxii l. viii s.

A Nicolas Bezery, xxvii journ. à vingt deux sols . xxix l. xiiii s.

A Léonard Callat, xxvii journ. à vingt deux sols . xxix l. xiiii s.

[*Donjon. Pavillon de la chaussée de l'étang.*]

[Fol. 177 r°.] A Anthoine Bignet et François Mirablon [fol. 177 v°], massons demeurant audict Fontainebleau, par ordonnance du xiie aoust mvi^c^ trente neuf, pour premier payement et sur estantmoings des ouvrages de massonnerie de chaux et sable et plastre, qu'ilz ont faictz et continuent faire pour les crespis, enduictz, restablissemens et ravallemens des murs du pourtour du donjon dudict chasteau et de la fassade du grand pavillon de la chaussée, passages, montées et entrées de la salle du bal et grande gallerye, terrasses desdictz lieux, ensemble pour les pentes et eschaffaudages des chesneaux de plomb dudict chasteau et plusieurs aultres reparations en plusieurs endroictz, desquelz ils seront payez, selon la juste valleur d'iceux, la somme de. . . . . iii^c^ lxxxv l.

[Fol. 182 v°.] Les rejoinctemens faitz à vingt quatre des colonnes de gresserie qui portent la terrasse du donjon, évallué pour chacune neuf piedz, qui seroit ensemble six thoises, audict prix, monte à la somme de. . . . . viii l. v s.

[Fol. 183 v°.] Le bouchement de plastre et remplage du hault de trois croisées de la chambre en ovalle, affin d'y pouvoir mettre des vittres pour suivre la cymetrie des aultres croisées, prisé et estimé, tant pour plastre, eschaffaudage et peyne d'ouvriers. . . . xii l.

[Fol. 187 v°.] Les enduictz et ravallemens faictz dans la niche de la dicte chambre [en galletas, près le pavillon de Saint Louis] du costé du pavillon Sainct Louis et restablissement faict au contrecœur de cheminée, évallué ensemble, avecq le bouchement et rellevement de l'apuis faict de plastre à l'une des croisées pour y feindre un mesneau de pierre, quatre thoises et demie, qui, audict prix, montent à. . . . . vi l. iii s. ix d.

[Fol. 190 v°.] Les restablissemens, crespis et ragrayement faictz au mur servant de pignon à l'entrée du vestibule de la grande gallerie garny de pillastres ovalles, frontispices, plintes et entablemens de bricque, et le pignon enrichi de bricque avecq une grande ovalle au milieu, contient trois thoises et [fol. 191 r°] demye de long sur cinq thoises de hault, le fort au foible, vallent dix sept thoises et demye, qui, à raison de soixante solz pour chacune thoise, à quoy nous l'avons prisée et estimée valloir bien et loyaument, montent à la somme de. . . . . LII l. X s.

[Fol. 193.] A Louis Millet et Gabriel Oudinot, maistres massons et tailleurs de pierre [par ordonnance du 18 août 1639],... pour le restablissement du mur d'appui sur le fossé du chasteau du costé du bourg...

[*Avant-portail du donjon.*]

[Fol. 194 v°.] A Pierre Chastellain, m^e masson demeurant à Fontainebleau, par ordonnance du quinziesme jour de febvrier mil six cens quarente, la somme de deux mil cinq cens soixante neuf livres cinq sols six deniers pour son remboursement de semblable somme par luy payée à plusieurs ouvriers apareilleurs, picqueurs, tailleurs de pierre, manouvriers, voicturiers et aultres personnes qui ont vacqué et travaillé à commancer les ouvrages de massonnerie que le Roy a commandé estre faictz en toute diligence, pour la construction d'un avant-portail entre la Cour d'offices et le donjon du chasteau dudict Fontainebleau; lequel se consistera en deux gros murs de chaussée à travers les fossés, chascun de huict thoises de long sur six piedz de hault, faictz de grandz quartiers de pierre de gresserie, taillée et picquée jusques au rez de chaussée de ladicte court et au dessus continuer les murs d'appuis avecq bahus de ladicte pierre aussy taillée et picquée; ensemble à la bâtisse de deux gros murs de contrescarpe aux deux costez dudict avant portail, chascun de quatre thoises cinq piedz de long sur neuf piedz de hault, à prendre depuis le rez de chaussée du fossé jusques à la haulteur de la ballustrade où seront espassez et erigez des piedz d'estaux, taillez en poincte de diamant garnies de leurs corniches au dessus; tous lesdictz murs et piedz d'estaux faictz de la dicte pierre de gresserie, taillée et picquée comme dessus, faisans paremens de tous les costez, posez, assis et jointoiez avecq mortier de chaux et sable, comme aussy pour la construction d'un gros massif qui contiendra quinze piedz de long, neuf piedz d'espesseur et six piedz de hault, massonné de gros libages et coings avecq moislon, chaux et sable, sur lequel massif seront erigez deux gros piedz d'estaux de grandes pierres de ladicte gresserie, taillées et picquées de deux piedz trois poulces en carré faictz en termes, chascun de quatorze piedz et demy de hault depuis le rez de chaussée du pavé du pont, jusques au dessus du chapiteau, ornez de tous les costez de grandes tables et tablettes, avecq les basses tuscannes et bornes, que pour les fraiz de la fente desdictes pierres de gresserie, voictures d'icelles, achapt de chaux et aultres despences nécessaires, le tout ainsi qu'il est particulièrement declaré au rolle de ce faict, se consistant en douze sepmaines entières : la première commençant le lundy quatorziesme jour de novembre de l'année dernière mil six cens trente neuf, et la douziesme finissant le samedy quatriesme jour de febvrier présente année mil six cens quarente, deuement veriffié et arresté par ledict sieur controlleur général le huictiesme desdictz mois et an, cy . . . . IIm Vc LXIX l. V s. X d.

Premièrement.

Durant la dicte premiere sepmaine finissant le samedi dix neufiesme jour de novembre mil six cens trente neuf.

Apareilleur.

A Pierre Chastellain, la somme de quinze livres à lui ordonnez par ledict seigneur de Noyers pour chascune sepmaine de son travail et conduitte dudict ouvrage, cy . . . . XV l.

Picqueur.

A Robert Sadron, la somme de neuf livres à luy ordonnez par ledict seigneur pour chascune sepmaine qui vacquera à faire travailler les ouvriers cy dessoubz, cy pour la presente sepmaine . . . . IX l.

Tailleurs de pierre.

Nicolas Gueret.
Louis Millet.
Nicollas de Maizieres.
Abraham Tartaise.
Abraham La Niche.
Gabriel Orbinot.
Pierre Henry.
Claude Pescheur.
Jacques Perier.
Mathurin Bernu.
Anthoine Moussu.
Mathurin Goguelin.
Noël Millon.
Siméon Canivet.
Pierre Goguelin.
Jacques des Eaues.
Pierre Bertrand.
Denis Langevin.
Jean Lefebvre.
François Lefebvre.
Guillaume Chastellain.
Nicolas Racine.
Jacques Petit.
Jean Cuissin.
Jean Pauly.
Claude Robelin.

[Fol. 200 r°.] Durant la seconde sepmaine finissant le samedy vingt sixiesme novembre MVIc trente neuf.

Apareilleur.

A Pierre Chastellain, la somme de quinze livres pour son travail et conduitte dudict ouvrage durant la presente sepmaine, cy . . XV l.

Picqueur.

A Robert Sadron, pour ladicte presente sepmaine, neuf livres, cy . . . . ix l.

[Fol. 205 r°.] Durant la quatriesme sepmaine finissant le samedy dixe decembre mvic trente neuf.

Apareilleur.

A Pierre Chastellain, pour la presente semaine, la somme de xv l. à luy accordée par ledict seigneur de Noyers, tant jours de travail que aultrement, cy . . . . xv l.

Picqueur.

Robert Sadron, la somme de neuf livres à luy accordée comme dessus, cy pour la présente sepmaine . . . . ix l.

[Fol. 211 r°.] *Apareilleur.*

Pierre Chastellain, pour la presente sepmaine . . . . . . xv l.

Picqueur.

Robert Sadron, pour ladicte presente sepmaine, neuf livres, cy . . . . ix l.

[Fol. 224 r°.] [*Gallerie des Cerfs. — Charpente.*]

A Pierre Mortillon, maistre charpentier, demeurant à Fontainebleau, par ordonnance du xxie janvier mvic trente neuf, la somme de seize cens cinquante livres tournois, pour premier payement par advance et sur estantmoings des ouvrages de charpenterie qu'il doibt faire et fournir pour Sa Majesté, tant au changement des poultres de la gallerie des cerfz dudict chasteau que pour le restablissement des entraicts et esseliers du comble de la grande vollière, suivant le marché faict avec luy le dixiesme jour du presens mois et an xvic l l.

[Fol. 258 r°.] [*Église du Bourg. — Couverture.*]

A René Girard, me couvreur de maisons, demeurant à Fontainebleau, par ordonnance du sixiesme jour de juin mvic trente neuf, la somme de quatre cens quatre livres, pour son paiement entier des ouvrages de couvertures d'ardoises par luy faictz tant pour la recherche et restablissement du comble de l'église que le Roy a faict bastir dans le bourg dudict Fontainebleau, que pour boucher les trous qui y avoient esté faictz en passant les boullins des eschaffaux nécessaires pour le travail du lambris faict de neuf en ladicte église, le tout ainsy qu'il est particulierement declaré au rapport de reception [fol. 258 v°] prisée et estimation qui a esté faicte des dictz ouvrages en la presence dudict sieur controlleur general, par Louis Millet et Gabriel Orbinot, mes couvreurs de maisons, demeurans audict Fontainebleau, expertz à ce deputez, le xxe may audict an, cy. . . . . IIIIc IIII l.

Plomberie.

[Fol. 330 vo-331 ro.] [Jean Girard, plombier à Fontainebleau, ordonnance du 1er juin 1639.] Le seiziesme dudict mois (septembre 1639), a esté livré un chesneau de plomb en deux pièces, contenant ensemble treize piedz et demy de long, compris le bord du lanssier, et vingt-cinq poulces de larges, un gros canon de huict piedz et demy de long, garny de ses feuilles et moullures, et la bavette contenant unze piedz de long compris les chevaucheures, et vingt-deux poulces de large, pour servir à tirer les eaux du dixiesme esgoust dudict donjon, au coin de la chambre auvalle tenant ledict pavillon sainct Louis, pezant ensemble six cens trente huict livres, cy. VIc XXXVIII l. plomb.

Menuiserie.

[Fol. 363 ro.] A Jean Gobert, me menuisier à Paris, par ordonnance du dix huicte febvrier MVIc trente neuf pour premier paiement par advance et sur estantmoings des ouvrages de menuiserie qu'il a entrepris et doibt faire pour Sa Majesté et la construction d'un lambris de bois de chesne au pourtour de la petite chappelle basse du donjon dudict chasteau, tout suivant les desseings pour ce arrestez et marché faict avecq luy le dixiesme janvier audict an la somme de douze cens livres, cy. . . . . XIIc l.

[Fol. 364 ro.] Deffaire le lambris de ladicte chappelle pour l'advanture et revestement des murs et tremeaux des arcades, qui sont au pourtour d'icelle, orné de pillastres d'ordre doricque posez sur ung socle de six poulces de hault, iceux pillastres ayant chascun sept piedz huict poulces de hault, à prendre depuis le dessus dudict socle jusques au dessus du chapiteau, sur unze poulces et demy de large et deux poulces de saillye hors le lambris, enrichis de basses (*sic*) et chapiteaux avecq cinq trieures suivant le requis dudict ordre et conformement aux desseings.

Plus sur lesdictz pillastres, poser la corniche arquitave regnant tout au pourtour de ladicte chapelle ayant huict à neuf poulces de saillye, enrichie au dessoubz de la couronne d'un ornement d'auves faisant separation des bandes qui servent d'arquitrave.

Plus de faire une imposte en ligne diamestralle des arcades des oratoires au pourtour de ladicte chappelle, et aussy au pourtour des devant des voultes enrichies de moullures convenables, représentez ausdictz desseings, ayant saillye aprochante aux corps des pillastres; et aux angles desdictes voultes faire un panneau pour recepvoir un ornement de palmes et banches (*sic*) de noyer de bas-relief.

Plus faire le lambris des concavitez de chascune voultes orné d'un quadre par le milieu duquel le fondz sera recouvert de bois d'un poulce et demy d'espoisseur avecq de petites moullures servant d'ornement ainsy qu'il est demonstré par les desseings et le dessoubz d'icelles voultes faictes avecq des panneaux et lyaisons traversantes de pareil bois et suitte que le lambris du fondz, et les espoisseurs gardées comme il seroit au profile desdictz desseings.

[Fol. 373 v°.] Plus à la salle des gardes de la Royne, mere du Roy, avoir levé une partie du lambris pour reslargir les deux portes d'entrée, reposé, rajusté et restably ledict lambris, et faict de neuf deux costez d'embrasemens de croisée portant chascun quatre piedz deux poulces de hault, sur deux piedz et demy de large, avecq un aultre ralongement d'un pan qui estoit rompu, ayant cinq piedz de long, et un aultre petit pan de huict poulces de large et quatre battans, le tout faisant douze piedz de longueur sur quatre piedz deux poulces de hault, pour ce. . . . . xxxv l.

[Fol. 374 r°.] Plus à la chambre suivant pour avoir rellevé et dessemblé une partie du lambris, affin de donner la liberté aux massons de reslargir trois portes, et en après reposé et rajusté ledict lambris, et icelluy restably en quatre divers endroictz qui estoient rompus et pourris, et fourny de trois battans neufz, le tout revenant à six piedz de long sur quatre piedz deux poulces de haut, ensemble pour avoir raccourcy une porte et fourny deux emboistures, icelle porte ayant esté cy devant faicte pour mettre à la bée du pied de l'escallier de la chambre des peintures et posée à present à la susdicte chambre, pour ce cy . . . . xx l.

Plus au passage suivant a esté [fol. 374 r°] levé et dessemblé le lambris pour reslargir les portes, avoir reposé et restably ledict lambris, et faict deux pans d'icelluy servans de placcardz aux deux portes, avecq quatre battans, chascun de neuf piedz de hault, ensemble deux petits pans de lambris au dessus desdictes portes, chascun de deux piedz de hault sur quatre piedz et demy de large, comme aussy fourny quatre traingles chascune de huict à neuf piedz de longueur pour servir de bande au dessus dudict lambris, pour ce cy . . . . xx l.

Plus à la chambre suivante, qui est l'antichambre de la Royne, pour avoir levé [fol. 374 *bis* r°] et dessemblé le lambris à cause des eslargissemens des portes, reposé et rajusté ledict lambris, et refaict deux pans dudict lambris, l'un de six piedz et demy de longueur et l'aultre de deux piedz quatre poulces sur quatre piedz deux poulces de hault, fourny deux battans, avecq un grand panneau, le tout faisant neuf piedz d'estendue; ensemble avoir fourny au bas de la croisée du costé de la Court du Cheval Blancq un fondz de trois ais de bois de chesne chascun de six piedz et demy de longueur et neuf poulces de large au lieu du parquet qui estoit pourry et aussi faict une cimaize de douze piedz de longueur servant de couronnement au lambris, pour ce xxx l.

[Fol. 374 *bis* v°.] Plus à la mesme porte en dedans la chambre [antichambre de la Reine], pour avoir levé et dessemblé le placcard pour reslargir la bée, et en après faict le restablissement dudict placcard, posé et rajusté en place, et faict de neuf un quasdre au pourtour de ladicte bée, ayant sept piedz huict poulces de hault sur quatre piedz et demy de large, et de trois et quatre poulces d'espoisseur au subject de ses moullures avecq un aultre quasdre qui environne le venteau de la porte, affin de faire servir les vieils panneaux de bas relief et la rendre aussy plus haulte et plus large; et à costé du quasdre supérieur a esté adjusté des termes de profil avec un bout de corniche, et dessus le quasdre supérieur, avoir posé le frontispice à chascun costé duquel sont adjustez deux aiz de dix piedz de hault sur neuf et dix poulces de large afin de servir de bande à la tapisserie, où au bas de chascune bande a esté aplicqué deux consolles de trois piedz de haulteur ou environ sur neuf poulces de large, afin de donner grace audict frontispice; ensemble pour avoir levé [fol. 375 v°], rassemblé et rajusté le lambris par bas, à cause des massons qui ont travaillé à la muraille, pour ce cy . . . . LX l.

[Fol. 383 r°.] Plus pour avoir faict un chassis dormant au dessus de la petite porte joignant ledict vestibule [à l'entrée de la gallerie François Ier] servant de passage pour monter à la chambre des peintures, ledict chassis, contenant six piedz huict poulces de hault et quatre piedz de large, pour ce ensemble . . . . VIII l.

Plus pour avoir faict une porte à deux venteaux, pour la première entrée dudict vestibulle sur le grand escallier, contenant ensemble neuf piedz dix poulces de hault et six piedz et demy de large, le bois de laquelle porte, scavoir les battans et traverses, de trois poulces d'espoisseur, et les panneaux d'un poulce et demy, sans y comprendre les reliefz, chascun venteau orné de six quasdres, dont quatre petits, chascun de deux piedz un poulce de long, et quatorze poulces de large aux panneaux de chascun [fol. 384 r°] desquelz est insculpé les chifres du Roy, avecq couronnemens et palmes, faisant parement au dedans comme au dehors et les deux autres quasdres chascun de cinq piedz quatre poulces de hault et deux piedz de large, liez chascun d'une traverse en formant sur le panneau comme une targue ornée d'un enroullement hault et bas, avecq sajettes dessus, et au milieu de chascune targue est insculpé un gros mufle de lyon, toute la dicte porte faisant parement en ses quadres par derrière et par devant, reservé que les moullures du derrière ne sont pas du tout sy saillantes, afin de ne pas empescher l'ouverture de la porte, pour ce . IIII[c] l.

Plus avoir faict la porte du passage pour aller du grand escallier au pavillon de la chambre des peintures et logement de la Royne mère à costé de la porte cy dessus, contenant sept piedz de hault sur quatre piedz de large formée de deux battans chascun de six poulces de large et deux poulces et demy d'espoisseur, ornée d'un quasdre et une frize au pourtour d'icelluy et le dedans dudict quasdre orné et enrichy de mufles de lyon, et aultres ornemens correspondant à la porte de l'entrée du vestibulle, pour ce. . . . . c l.

[Fol. 384 v°.] Plus pour avoir faict la porte à deux venteaux pour entrer dudict vestibulle sur le jubé de la chapelle, contenant ensemble neuf piedz sept poulces de hault et cinq piedz trois poulces de large, les quatre battans ayans chascun sept poulces de large et deux poulces neuf lignes d'espois, et à chascun venteau quatre traverses, dont deux chascune de sept poulces de large, et les deux aultres de dix poulces, le tout de deux poulces neuf lignes d'espois; le milieu de laquelle porte est enclosé d'un quasdre de cinq piedz de haulteur et quatre piedz de largeur, et agraffez aux quatre fasses d'un enroullement, le tout se formant en cartouche, et sur les agraffes de la separation des deux venteaux sont attachez deux cherubins, estendans les aisles sur les susdictz enroullemens; ensemble faict quatre aultres petits quasdres chascun d'un pied sept poulces de long et d'un pied de large, où sur les panneaux de chascun quasdre sont insculpez deux dauphins entrelassez ensemble, le tout faisant parement, tant dedans que dehors, pour ce. . . . . IIII^c l.

[Fol. 385 v°.] Plus pour avoir faict une aultre porte aussy ouvrant à deux venteaux pour l'entrée d'entre ledict vestibulle dans la gallerie de François premier ayant dix piedz quatre poulces de hault sur six piedz un poulce de large, garnie de quatre battans chascun de sept poulces de large et deux poulces neuf lignes d'espois, les quatre traverses du milieu de pareille largeur et espoisseur et les quatre aultres par bas et par hault de neuf et dix poulces de large, de ladicte espoisseur, la dicte porte ornée d'un quasdre par le milieu avecq enroullemens et agraffes formant comme un cartouche, aux environs duquel hault et bas sont insculpées des testes representans la Force et la Terreur, et plusieurs trophées d'armes au milieu du panneau et aux quatre petits quasdres, qui sont deux en hault et deux en bas, sont aussi insculpez les devises du Roy. Le tout faisant parement des deux costez, pour ce cy. . . . . IIII^c l.

Plus pour avoir faict une aultre porte pour sortir dudict vestibulle sur le passage allant au logement de la Royne mère, à l'oposite de celle qui entre sur le jubé de la chapelle, contenant ensemble dix piedz et demy de hault sur six piedz de large; et à cause que le hault de l'ouverture est ceintré a convenu couper la dicte porte à la haulteur de l'imposte pour l'ouvrir et deux venteaux, chascun venteau contenant sept piedz de hault et deux piedz et demy de large, ornez de trois quasdres avecq ornemens d'armes et devises du Roy convenables à la largeur desdicts venteaux, et au dessus de l'imposte aussy et chascun venteau sera insculpé un quasdre en rondeur et aggraffez d'un cartouche avec des guirlandes faisant paremens et ornemens des deux costez, le tout en telle sorte que cy après on aura liberté de construire un porticque au dessus de ladicte porte, correspondant à celuy de l'entrée dudict jubé, pour ce . . . . IIII^c l.

[Fol. 390 v°.] Plus avoir faict une porte à deux venteaux pour bouscher et fermer le hangard dudict logis [de la Fontaine] où se met le carosse de la Royne, contenant neufs pieds de hault et huict piedz et demy de large, garnie de quatre battans chascun de six poulces de large et trois poulces d'espoisseur, avecq six traverses chascune de quatre piedz de long, sept à huict poulces de large et deux poulces et demy d'espoisseur, le remplage faict de bois de seize lignes d'espesseur, ensemble les deux costez et la fermeture de la dicte porte, pour ce. . . . . IIII^xx l.

Serrurerie.

[Fol. 451 v°.] [Simon Benoist, m^e serrurier à Fontainebleau, ord^ce du 3 juin 1639.] Plus pour avoir faict et fourny quatre vingtz seize crochetz de fer chascun de huict à neuf poulces de long, qui ont esté scellez dans les murs aux environs des corps de garde de la Court du Cheval Blancq pour pendre les armes et corcelletz, pour ce à raison de cinq sols pièce de prix faict . . . . XXIIII l.

[Fol. 488 r°.] [Jean Rossignol, m^e serrurier à Fontainebleau, ord^ce du 12 juillet 1639.] Plus pour avoir faict le restablissement de la garniture du dosme et amortissement de fer au dessus du puys dudict logis, refaict de neuf l'un des trois pillastres qui y manquoit de gros fer carré et garny d'une consolle, contenant ensemble huict piedz de long, comme aussy faict une girouette sur le tiers-poinct du milieu où se mettra la poullye, et trois fleurs de lys sur le bout desdictz pillastres, pour ce . . . . XLV l.

[Fol. 490 r°.] Plus pour avoir faict et fourny sept chandelliers de fer, limé et dressé, servans, sçavoir deux sur la montée de la salle du bal, deux autres aux deux costez de la cheminée de l'antichambre de la Royne, un au carré de l'entrée de la salle des Gardes du corps du Roy, et les deux aultres en ladicte salle, scavoir un au dessus de la porte et l'aultre au milieu de la cheminée, chascun garny d'un poisle pour mettre de l'huille et de la chandelle, une consolle et un portant, pour ce ensemble . . . . XXXV l.

Peinture.

[Fol. 531.] A Claude d'Hoey, peintre et vallet de chambre ordinaire du Roy, par ordonnance du 21 janvier 1639, la somme de 500 livres pour premier payement par advance et sur estantmoings des ouvrages de peintures, dorures et enrichissemens qu'il a entrepris et doibt faire pour Sa Majesté à la contretable de l'autel de l'église que Sa dicte Majesté a faict bastir dans le bourg dudict Fontainebleau, suivant le marché faict avec lui le dixiesme jour desdicts mois et an. . v^c^ l.

A luy . . . . III^c^ l.

A luy encores, par ordonnance du 8 août 1639, la somme de 250 livres pour son reste et parfaict payement de 1,000 livres pour les susdicts ouvrages, conformément au marché pour ce faict avec lui et ainsi qu'il est à plain desclaré en la reception faicte d'iceulx, en la presence dudict sieur controlleur general, par Claude Nivelon et Jean Lefèvre, peintres, demeurans audict Fontainebleau, cy . II^c^ l.

[Fol. 532.] Audict sieur d'Hoey, pour son payement de plusieurs ouvrages de peintures, dorures, enrichissemens et aultres en coulleur de boys qu'il a faictz et faict faire durant les premiers six mois de la présente année, tant pour les croisées de la Salle de Bal et appartemens de Monseigneur, frère du Roy, que au placcard de l'Oratoire de la Royne et en aultres endroicts du dict chasteau, particulièrement déclaré au rapport de reception desdicts ouvrages faicte en la présence du dict controlleur général, par Henry de Voltighen et David Bouzé, peintres, demeurant au dict Fontainebleau . . . . . VI^c^ LXI l.

[Fol. 534.] Plus, dans la Gallerye des Cerfs, a esté refaict l'escusson qui est dans l'un des petits cartouches, au bas des testes de cerfs, lequel le Roy a faict changer, à cause que la datte n'estoit de son invention, lequel escusson il a convenu reblanchir, poudrer et redorer toutes les lettres de l'inscription, ce que nous avons prisé la somme de sept livres, cy . . . . VII l.

Plus avons trouvé avoir esté peinct de blancq, deux fois à l'huille, des deux costez, la porte, en forme de placart, servant à fermer l'oratoire de la Royne, et faict du costé du dedans avec ornemens de blanc et de noir, ainsy qu'il est peinct au reste dudict oratoire, et de l'aultre costé de coulleur de boys, avec fleurs, filletz et compartimens semblables à ceux qui sont dans le passage d'entre la chambre du Roy et celle de la Royne . . . . XXXVI l.

[Fol. 535.] Plus, a esté peinct à huille, de blanc et d'azur, en forme de ciel, les trois murs des arcades bouchées de la chapelle du Donjon, contenant chascune douze pieds de hault sur huict pieds de large, scavoir deux du costé de la chambre du Conseil et l'aultre du costé de la Salle du Bal, pour ayder à rendre la dicte chapelle plus claire. . . . . LX l.

Somme totalle à quoy se montent et reviennent les ouvrages de peinctures contenus au present rapport . . . . VI^c^ LXI l.

[Fol. 537.] Au dict d'Hoey pour les ouvrages de peintures, dorures et enrichissemens qu'il a entrepris et doibt faire pour le Roy de son exprès commandement en la chapelle basse du donjon du chasteau, suivant le desseing pour ce arresté et marché faict avec luy . M IX^c l.

Iceux ouvrages veuz et visités par Claude Nivelon et Jean Lefebvre, maistres peintres.

Chapelle basse du donjon.

[Fol. 537 v°.] Que pour oster l'aspreté du grez, il seroit donné trois couches de blanc de plomb brayé à huille de noix par tout ladicte chapelle au dessus du lambris, la dernière desquelles couches seroit clariffiée avecq huille de terebantine pour empescher que le blancq ne jaunist trop.

Plus de dorer d'or mat tous les filletz des plattes bandes qui contournent ladicte chapelle, tant au ceintre qui est au dessus de la porte que dans la voulte partout allentour des compartimens de ciment des arcades, fenestres, angles et arrachement de la voulte qui enferment les noms de Jesus, Maria, les chiffres du Roy et de la Royne, les cherubins, les patenostres, festons, cors d'abondance, palmes, branches de noyer, les flammes, fleurs arabesques, moresques et roulleaux qui sont dedans et dehors les compartiments suivant le desseing.

Plus que les filletz de touttes lesdictes plattes bandes auroient un poulce et demy de large et la platte bande huict poulces aussy de large où il seroit faict un ornement de blanc et noir, de roses et feuillasmes avecq des roulleaux rehaulcés et ombrez de mesme que s'ilz estoient de relief à fondz d'or, ombrez par dessoubz, ainsi qu'il est marqué par ledict dessein; comme aussy ombrer tous les ornemens susdicts et les retirer d'ocre dru (*sic*), affin de les faire paroistre de relief.

Plus dedorer tous les profilz des deux costez aux mesneaux et aultres ornemens des fenestres et allentour du ceintre et piedz d'estaux où il sera faict des couronnes et au chamfrain, qui a sept poulces de large et qui contourne toutte l'arcade des dictes fenestres, y faire des fleurs de lys et des dauphins en fondz gris clair suivant ledict desseing.

Plus au dessus la porte de l'entrée de ladicte chapelle, où sera érigé un demy rond, seroit peinct les armes de France et de Navarre, et doré tous les dauphins, palmes, branches de noyer, guirlandes, filletz, revers de cuirs et lampes, avecq les deux ordres du Sainct Esprit, et le reste de blancq et noir de coulleur de pierre, le tout peinct et retiré pour mieux feindre de relief, ainsy qu'il est représenté audict desseing.

Plus de donner trois couches de blancq de plomb au lambris de menuiserie du pourtour de ladicte chapelle au dessoubz de l'atique, scavoir la première desdictes couches faicte à colle lavé seullement, et les deux aultres cousches à huille pure, la dernière desquelles sera meslée et clariffiée avecq de l'huille de térébentine pour empescher le blanc de jaunir.

Plus de dorer d'or mat tous les ornemens de relief dudict lambris, scavoir les moullures qui contournent les parquetz, les palmes et branches de noyer dans les angles, les moullures, auves et festons tant au long dudict lambris que dans les concavitez des chapelles.

Plus de repeindre à neuf et redorer d'or mat la contretable de l'autel, le plus aprochant que faire il se pourra à ce qui seroit faict à ladicte chapelle, et les amortissemens qui y seront faictz, laver et nettoyer le tableau et le retendre.

[Fol. 540 v°.] Audict d'Hoey par ordonnance du dixiesme aoust M VI^c trente neuf pour premier payement et sur estantmoings des ouvrages de peinctures, dorures et enrichissemens qu'il a faictz et continue faire pour le Roy, durant la présente année, à commencer depuis le premier jour de juillet dernier, tant pour les bavettes, lanssiers, canons et consolles des chesneaux de plomb que Sa Majesté a commandé estre faictz au pourtour des esgoutz du donjon dudict chasteau, que ballustrade de ladicte court, ensemble pour le restablissement des peinctures et nettoyement de lambris et tableaux de la galleryе de la Royne, estoffement d'aulcunes cheminées de l'hostel d'Albrayt et plusieurs aultres peinctures en couleur de boys et de muscq en divers lieux et endroictz d'icelluy chasteau, desquelz ouvrages ledit d'Hoey sera payé suivant la prisée et estimation qui en sera faicte de nostre ordonnance, iceux estans faictz, la somme de. . . . . IX^c l.

[Fol. 541 v°.] A luy (d'Hoey) encores par ordonnance du vingt quatriesme jour de febvrier mil six cens quarante, la somme de neuf cens vingt deux livres dix solz tournois pour son reste et parfaict payement de cinq mil cent vingt deux livres dix solz tournoiz, à quoy se sont trouvez monter les susdictz ouvrages de peintures faictz par ledict d'Hoey, durant les six derniers mois de l'année mil six cens trente neuf, particulierement desclarez en la reception faicte desdictz ouvrages par Henry de Voltigen et David Bouzé, peintres demeurans audict Fontainebleau, expertz à ce commis et deputez en la presence dudict sieur controlleur general le dixiesme janvier dernier passé, et ce oultre par dessus IIII^m II^c l. qu'il a cy devant receues sur lesdictz ouvrages, cy . . . . IX^c XXII l. X s.

[Fol. 543 r°.] Plus avons trouvé avoir esté peint à huille, doré et enrichy les dix sept canons de plomb qui recoivent les eaux des chesneaux et esgoutz dudict donjon, avecq les barres de fer, roulleaux et consolles qui portent lesdictz canons, lesquelz sont dorez de tous les costez et blanchis par dessoubz de blanc de plomb, touttes les plattes bandes desdictz canons couchées d'or couleur, et dorées; icelles plattes bandes retirées et ombrées, revenant iceux canons ensemble à trente trois thoises et demye, qui, à raison de quinze livres la thoise, à quoy nous l'avons prisée et estimée valloir bien et loyaument, y compris les dictes barres, roulleaux et consolles, montent à la somme de cinq cens deux livres dix sols, cy . . . . v^c II l. x s.

[Fol. 544 r°.] Plus avons trouvé avoir esté peinct à huille, doré et enrichy touttes les bavettes et ongletz desdictz chesneaux, lesquelles bavettes ont esté couchées d'or coulleur, dorées d'or fin, ombrées et retirées suivant le dessein qui en avoit esté résolu par ledict seigneur de Noyers, faict sur le quart de rond des auves et fleurs d'or, aussy dorées, ombrées et retirées, et à la frize, au dessoubz des fruictz, fleurs, chiffres, d'auphins et palmes d'or, pareillement ombrez et retirez avecq un fillet d'or d'un poulce et demy de large, revenant touttes lesdictes bavettes ensemble à la quantité de cent une thoises de longueur, lesquelz nous avons prisé à la somme de quinze cens quinze livres, qui est à raison de quinze livres la thoise courante, eu esgard à la grande quantité d'or et coulleurs qui sont entrez auxdictz ouvrages, et au labeur, travail et journées des ouvriers, cy. xv^c xv l.

[Fol. 547 r°.] Plus avons trouvé avoir esté faict les restablissemens à neuf de peintures dans les chambres du logement de la Royne, à cause des réparations et eslargissement des portes faictz au dict lieu, comme aussy au logement de la Royne regnante, à cause des poultres mises de neuf tant en son antichambre que Salle de ses gardes, et encore en la gallerie d'Ulisse à cause des trous de boulins faictz dans l'embrazement des croisées, et refaict ausdictz lieux les poultres, frizes, lambris, ausquelz a esté peint à neuf des fleurs moresques, camayeux, istelles, filletz et rozaces, ainsy qu'ilz estoient auparavant; tous lesquelz ouvrages après les avoir thoisez et mesurez par le menu, nous les avons trouvez monter à la quantité de dix huict thoises de besongne, à trente six piedz pour thoise, qui à raison de dix huict livres pour chascune thoise à quoy nous l'avons prisée et estimée valoir bien et loyaument, montent à la somme de trois cens vingt quatre livres, cy. . . . . III^c XXIIII l.

[Fol. 548 v°.] Plus a esté peint à huille en couleur de bois, trois fois des deux costez, les deux portes sur la terrasse du grand escallier, scavoir une à deux venteaux, entrant au vestibulle de la grande chapelle et de la gallerie de François premier, contenant dix piedz de hault et six piedz et demy de large, et l'aultre au passage allant dudict escallier au logement de la Royne mere et sur la terrasse de la Court de la Fontaine, et avoir bronzé les meufles de lyon et aultres ornemens de relief qui sont ausdictes portes, ce que nous avons prisé et estimé ensemble à la somme de soixante livres, cy. . . . . LX l.

[Fol. 549 r°.] Plus avons trouvé avoir esté peint à huille, la porte faicte de neuf pour l'entrée de la grande chapelle contenant neuf piedz de hault sur cinq piedz un quart de large, scavoir trois couches de blanc de plomb par dedans, et doré tous les chiffres et ornements de relief, avecq les filletz et moullures aussy riches que les lambris de ladicte chapelle et par dehors couché aussy trois fois de coulleur de muscq, et bronzé les reliefz avecq les enfans, festons, guirlandes, palmes et aultres ornemens, ce que nous avons prisé et estimé le tout ensemble à la somme de six vingt dix livres . . . . . vi^xx x l.

[Fol. 550 r°.] Plus avons trouvé avoir esté repeint le placcard de la chambre de la Royne mere, à cause que l'on l'a refaict de neuf pour reslargir la porte, couché deux fois à huille ledict placcard de coulleur de muscq brun et doré d'or fin les guillochis et moresque regnantes allentour du faux chassis, avec les filletz de moullures d'or sur les consolles, ensemble la porte des deux costez, ce que nous avons prisé et estimé à la somme de . . . . lx l.

[Fol. 551.] Plus a esté faict et fourny par ledict d'Hoey un tableau, peint à huille, sur toile, contenant six piedz de hault et quatre piedz de large, representant une ruyne en paysage, lequel a esté posé en encastre dans la bordure au dessus de la porte de l'antichambre de la Royne, que nous avons prisé et estimé la somme de . . xviii l.

[Fol. 551 v°.] Plus avons trouvé avoir esté faict le nettoyement des lambris des tableaux au pourtour de la gallerie de la Royne, logement de ladicte dame et de la Royne mere, cabinet de Clorinde et de la grande chapelle, le tout à cause du changement des poultres et des ouvrages et réparations de massonnerie, charpenterie et aultres faictz esdictz lieux, ce que nous avons prisé et estimé ensemble, tant pour huille, esponges, plumeaux, journées d'hommes, eschelles et eschafaudages qu'il a convenu employer pour faire lesdictz nettoyemens, à la somme de six vingtz livres, cy . . . . vi^xx l.

[Fol. 552 b.] Plus a aussi esté faict et fourny trois tableaux, peints à huille, sur lesdites cheminées, scavoir celuy de la salle, de deux pieds de hault et deux piedz et demy de large, representant un paysage où est la ville de la Rochelle en perspective ; celuy de la chambre de Son Éminence, de deux pieds cinq poulces de hault et trois pieds et demy de large, representant un paysage où il y a un moulin, et celluy du cabinet, de deux pieds et demy de hault et deux pieds de large, representant aussy un paysage où il y a un berger jouant de sa musette, avecq un troupeau de moutons; lesdicts tableaux, posez et encastrez dans les bordures, lesquelles ont esté dorées et retirées, ce que nous avons prisé et estimé ensemble la somme de . . . cx l.

[Fol. 554.] A Pierre Poisson, peintre ordinaire du Roy, pour les ouvrages de peintures, trophées de chasses, ornemens et enrichissemens qu'il a entrepris et doibt faire au restablissement de vingt-deux poultres que le Roy a commandé estre mises de neuf au plancher de la gallerye des Cerfs dudict chasteau . . . . iii^c l.

La reception desdicts ouvrages faictes par Claude d'Hoey et Henry de Voltigen, peintres, demeurans au dict Fontainebleau, experts à ce commis et depputez.

[Fol. 555 v°.] [Pierre Poisson, peintre ordinaire du Roy, ordonnance du 10 juillet 1639.] De peindre et coucher les dictes poultres [de la gallerie des Cerfs] deux fois de blanc de plomb broyé avecq huille de noix.

Plus de peindre des trophées de chasse avec hures de sanglier, panneaux, cors de chasses, espieux, arquebuses et testes de loup par intervalles.

Plus de peindre entre lesdictz trophées de chasses et cartouches le chiffre du Roy, avecq des couronnes et lauriers sur fondz d'azur, et filler à huille toutes les istelles allentour desdictes trophées et cartouches.

Plus de peindre aux deux bouts de chascune desdictes poultres des roulleaux de sirage qui font les culs de lampe, et ce qui se trouvera desfaict des bordures aussy de sirage.

Plus faire le restablissement de peinture qui se trouveroient necesaire dedans les maisons, champs, forestz, et cartes en tableaux de ladicte gallerie, bordures au pourtour desdictz tableaux et au long du plancher et mur de part et d'aultre, sollives et ais d'entrevoux dudict plancher, sy aulcun estoient remis de neuf, ensemble aux cartouches et roulleaux, paysages et camayeux, tant du costé du jardin de la Royne que du costé de la concierge[rie], pour avecq ce qu'il conviendroit faire au lambris, relaver et nettoyer le tout, et generallement ce qui se trouveroit necessaire de peinture pour l'entiere reparation de ladicte gallerie fors et excepté les portes et croisées d'icelle.

Somme totalle des ouvrages de peinture contenus au présent rapport . . . . ii^{m} xviii l.

[Fol. 557 r°.] Premierement, avons trouvé avoir esté peint à huille en coulleur de bois, scavoir trois fois par dehors et deux fois par dedans, les trois portes à deux venteaux faictes de neuf pour les entrées de ladicte gallerie, chascune contenant sept piedz de hault et six piedz et demy de large, ornées chascune par dedans œuvre de six grandz panneaux, lesquelz sont peints de cartouches de sirage, et dedans lesdicts cartouches six paysages, avecq douze petits quasdres, et dans iceux faict des chiffres, aussy de sirage, avecq les istelles de vert et les filletz de jaune, le tout rapportant au reste des ornemens de ladicte gallerye, ce que nous avons prisé et estimé ensemble à la somme de. . . . . c l.

Divers.

[Fol. 621 v°.] A Anthoine Girault, maistre menuisier à Paris, la somme de trente huict livres dix huict solz, à luy ordonnez par ledict seigneur, pour les fraiz, despences et vacquations du port, voicture et conduitte depuis ledict Paris jusques audict Fontainebleau, de la porte à deux venteaux, de menuiserie faicte de neuf, avec sculptures, enfans, festons et aultres ornemens de ronde bosse, pour l'entrée de la chapelle dudict chasteau, le tout de prix verballement faict avec luy, cy . . . . xxxviii l. xviii s.

[Fol. 625 v°.] A Estienne Doyart, maistre serrurier à Paris, la somme de vingt six livres, scavoir, huict livres, tant pour avoir fournis deux passepartout à deux pannetons, ouvrans touttes les chambres, salles, galleries et cabinets dudict chasteau, que pour les avoir faict dorer à feu, quatre autres avecq deux clefz de locquetz pour le service de Leurs Majestez lorsqu'ilz séjournent audict chasteau, cy. xxvi l.

[Fol. 636 r°.] A René Chaperon, marchand demeurant à Paris, la somme de seize livres seize solz, pour avoir faict et fourny six placques de fort fer blancq et quatre douzaines de mouchettes aussy de fer blanc, à mettre sur des chandelliers qui ont esté faictz pour ledict chasteau, cy . . . . xvi l. xvi s.

[Fol. 626 v°.] A Faron Leblond, sculpteur, la somme de vingt livres, pour avoir refaict de neuf et restauré avecq plastre plusieurs oreilles et aultres ornemens des testes de cerfz de la gallerie des Cerfz dudict chasteau.

A Estienne Pompet, maistre serrurier, la somme de sept livres neuf sols pour son paiement d'avoir fourny une barre de gros fer plat, de cinq piedz de long, et icelle encastrée dans le seuil de marbre de la porte de la grande chapelle dudict chasteau, pour servir de battement . . . . vii l. ix s.

[Fol. 627.] A Christophe Brossard, messager ordinaire dudict Fontainebleau à Paris, pour son paiement d'avoir apporté dudict Paris audict Fontainebleau, et dudict lieu repporté audict Paris les tentures de tapisserie que Sa Majesté avoit commandé faire venir pour l'ameublement de l'hostel d'Albrayt, où loge Monseigneur le cardinal de Richelieu . . . . xlvi l. xii s.

[Fol. 631 v°.] Plus a esté payé à douze hommes manœuvres la somme de neuf livres pour avoir aydé aux pescheurs cy dessus à tirer les cymes (*sic*), porter et rapporter des jattes et cuviers pour recevoir le poisson et transporter dans des draps les carpes et brochetz que l'on a reservez pour le Roy, tant dans le cannal du jardin des canaux que dans la fontaine du jardin de la Reyne, et vacqué pour ce faire chacun une journée, à raison de quinze solz par jour, cy . . ix l.

[Folio 640 v°.] A Edme Prudhomme, maître espinglier à Paris, pour son paiement d'avoir esté exprès audict chasteau de Fontainebleau, auquel lieu il a durant quarante sept journées entieres des mois de mars, avril et may de ladicte presente année, journellement vacqué et travaillé à la recherche, refection et restablissement des treillis et chassis de la grande volliere dudict chasteau, aulcuns desquels ont esté refaicts de neuf à cause qu'ilz estoient brisez et rompus, et les autres racommodez où il estoit de besoing, tant au pourtour du dosme et lanterne que au long du comble et croisées du costé du jardin de la Royne, comme aussy aux deux bouts de ladicte vollière, pour la conservation d'icelle et empescher que les oiseaux ne s'envollent, qui est à raison de quarante sept solz par jour.

A Robert Jamin, concierge de la Basse-Court, où estoit le Cheval blanc, audict chasteau, par ordonnance de Monseigneur de Noyers, [tant] pour les frais, vacquations, journées, fournitures de mathériaux et aultres choses necessaires pour coupper à haulteur d'imposte la grande porte du portail et principalle entrée de la Court d'offices du dict chasteau, que pour le restablissement, assemblage et accomodement d'icelle à l'occasion de ladicte couppe . . . . . II^c VIII l.

[Fol. 645 r°.] A Jean Michelet, par ordonnance du huictieme juillet MVI^c trente neuf, la somme de vingt une livres, pour son remboursement de semblable somme [fol. 645 v°] par luy payée à ung pescheur qui a fourny et livré durant trois mois, deux fois par chascune sepmaine, du petit poisson blanchaille vif, pour la nourriture de six brochetz, scavoir deux grands et quatre moyens, provenant de la pesche de l'estang dudict chasteau, qui avoient esté reservez dans la fontaine du jardin de la Royne, depuis le huictiesme avril, presente année, jusques au sixiesme juing que lesdictz brochetz ont esté jettez dans le canal de la descharge dudict estang au jardin du Tybre, qui est à raison de sept livres par mois, de marché verballement faict avecq le dict pescheur suivant la certiffication dudict sieur controlleur general, pour ce expediée le premier juillet, audict an, cy . . . XXI l.

[Fol. 649 r°.] A Pierre Filledière, charpentier de batteaux, demeurant à Montargis, par ordonnance du sixiesme aoust mil six cens trente neuf, la somme de quarente quatre livres pour son paiement d'avoir faict et fourny un batteau neuf, de bois de chesne sur le grand canal du parcq dudict chasteau pour servir à y pescher quand il plaira au Roy, et pour nettoyer, oster et arracher les herbes qui croissent au long des murailles du pourtour du dedans dudict canal, ledict batteau contenant dix huict piedz de long et cinq piedz de large, garny de trois doubles courbes et deux barres, ce marché verballement faict avecq luy suivant la certiffication dudict sieur controlleur general pour ce expediée le deuxiesme desdictz mois et an, cy . . XLIIII l.

[Fol. 651.] A Jean Padelain et Jean Varisse, maistres ramoneurs de cheminées à Paris, par ordonnance du 4e novembre, pour leur paiement d'avoir esté exprès audict chasteau durant le mois d'octobre dernier passé, presente année, auquel lieu ils ont nettoyé, houssé et ramoné la quantité de deux cens cinquante six thuiaux de cheminées servant aux salles, chambres, offices et cuisines dudict chasteau et maisons qui en deppendent, pour esvitter les accidens du feu qui eussent pu arriver, particulierement durant le sejour de Leurs Majestez audit lieu. . . . . CLIII l. XII s.

Achapt d'héritages.

[Fol. 653 A.] Achat aux heritiers de feu Jean Bessainton, par ordonnance du 13 juin 1639, d'une maison et de ses dependances, sises près le portail de la Court d'offices dudict chasteau que Sa Majesté a commandé estre prise, acheptée et desmollie pour faire une place à l'advenue de son dict chasteau et luy donner l'entrée plus commode, pour la somme de 3,600 l.

[Fol. 653 B.] Achat à Robert le Boullanger et à sa femme, par ordonnance du 13 juin 1639, d'une maison sise près du portail de la Cour des offices, pour la somme de 900 l.

[Fol. 654 B.] Achat à Nicolas Girard et à sa femme, par ordonnance du 13 juin 1639, « d'une maison scize audict Fontainebleau, lieu dict le carefour du pillier vert, près le retour du fossé du chasteau, que Sa Majesté a voullu estre abbatue pour l'advenue et entrée du dict chasteau, » pour la somme de 1,400 l.

[Fol. 655 A.] Achat à dame Jeanne de Harlay, marquise de Montglat, de Sainct-Georges et autres lieux, veuve de feu messire Hardoin de Clermont, par ordonnance du 10 juin 1639, « d'une maison, circonstances et deppendances, scize au dict Fontainebleau, vis à vis le grand portail de la Court d'offices dudict chasteau, » pour la somme de 3,600 l.

[Fol. 656 A.] Achat à messire Ferdinand de la Baume, comte de Montrevel, comme heritier universel de feue dame Jeanne Dagousseau, veuve de feu messire Claude-François de la Baume, sa mère, par ordonnance du..... 1639, « d'une place en jardin, appentil et deppendances, scis audict Fontainebleau, près le portail de la Court d'offices dudict chasteau, » moyennant la somme de 900 l.

[*Meubles.*]

[Fol. 662.] A Louis Hinart, maistre tapissier à Paris, pour son paiement de douze chaises à vertugadin, garnies de tripe de Chine, douze autres chaises ployantes à dos, garnyes de peaux de mouton rouge, et une douzaine d'escabeaux ployans garnys de mocquade, par luy fournis pour l'emmeublement dudict chasteau et y servir quand il plaira à Sa Majesté, les dictz chaises et placets livrez en la Conciergerie du dict lieu entre les mains de Charles Moynier, garde general des meubles de Sa dicte Majesté . . . . IIII^c XXXVI l.

[Fol. 667 r°.] A Philippe Mercier, marchant tapissier, demeurant à present à Paris, par ordonnance du douziesme decembre mil six cens trente neuf, pour son payement d'avoir fourny une tenture de tapisserie de floron garnie de huict pieces, contenant ensemble vingt deux aulnes de tour ou environ, representant une verdure, pour servir au dict chasteau, quant il plaira à Sa Majesté; ladicte tapisserie livrée en la Conciergerie dudict chasteau dès le dix septiesme des presens mois et an, entre les mains de Charles Moynier, garde general des meubles de Sadicte Majesté, le tout de prix verballement faict avec ledict Mercier, suivant la certiffication dudict sr controlleur general pour ce expediée le vingt neufiesme novembre audict an, la somme de . . . . VIc L l.

[Fol. 668 ro.] A François Robert, marchant forain, demeurant de present à Paris, par ordonnance du vingt-deuxiesme decembre mil six cens trente neuf, la somme de quinze cens soixante et cinq livres unze solz; pour son payement de quarante six aulnes de nappes et six douzaines moings une de serviettes de plusieurs façons, plus vingt sept aulnes et demye d'aultres nappes de Venise et quatorze douzaines de serviettes de mesme ouvrage, plus vingt aulnes et demye de napes à damas et dix douzaines de serviettes de mesme ouvrage, par luy fournis pour le Roy audict chasteau et y servir quand il plaira à Sa Majesté, et lorsqu'elle envoye des ambassadeurs, princes, seigneurs et dames veoir ledict lieu, le tout livré dès le neufiesme jour d'aoust audict an, dans le galletas et gardemeubles dudict chasteau, entre les mains de Charles Moynier, garde général des meubles de Sa dicte Majesté. Le tout ainsy qu'il est particulièrement déclaré en l'estat deuement veriffié et arrestez par ledict sieur controlleur general, suivant sa certiffication pour ce expédiée le vingtiesme jour de décembre audict an, cy . . . . XVc LXV l. XI s.

[*Gages.*]

[Fol. 679 vo.] A Robert Jamin, demeurant à Fontainebleau, pour avoir journellement fourny, livré et jetté du pain pour la nourriture des carpes que Sa Majesté a faict mettre dans l'estang du dict chasteau . . . . LXXV l.

[Fol. 683 ro.] A mon dict seigneur de Noyers, capitaine surintendant et ordonnateur des bastimens dudict chasteau, pour les estatz et apoinctemens desdictes charges, durant ladicte année mil six cens trente neuf, suivant ledict estat du Roy cy devant datté, la somme de . . . . VIm l.

Au dict seigneur pour ses estats et apoinctemens à cause de sa charge de capitaine et concierge dudict chasteau . . . . XVIc l.

[Fol. 685.] *Abrégé de la despence faicte pour les bastimens du chasteau de Fontainebleau durant l'année mil six cens trente neuf.*

Premièrement.

Maçonnerie	58,082 l. 7 s. 1 d.
Charpenterie	9,814 l. 10 s. » d.

Couverture	9,352 l. 2 s. » d.
Plomberye	15,786 l. 8 s. » d.
Menuiserie	10,538 l. 10 s. » d.
Serrurerie	4,725 l. 10 s. » d.
Victrerie	3,229 l. 9 s. 6 d.
Peintures	12,801 l. 10 s. » d.
Pavé et vuidanges de terre	17,895 l. 10 s. » d.
Jardiniers, manouvriers et espalliers . . .	10,919 l. 6 s. 4 d.
Partyes extraordinaires	1,716 l. » s. » d.
Achapt d'héritages	10,400 l. » s. » d.
Achapt de meubles	3,509 l. 15 s. 6 d.
Gages d'officiers	15,944 l. 8 s. 9 d.
Entretennements ordinaires	1,567 l. 10 s. » d.
Estatz et apoinctemens de monseigneur de Noyers	7,600 l. » s. » d.
Total	193,882 l. 7 s. 2 d.

[Compte arrêté par Donon, contrôleur général des bâtiments du Roi, le 15 janvier 1640.]

Année 1640.

Maçonnerie. — Construction d'un logis dans le parc.

[Fol. 10 v°.] Audict Grognet, par ordonnance du xxve juin 1640, la somme de six cens livres pour premier payement et sur les ouvrages de maçonnerie faictz pour la construction d'un corps de logis dans le parcq du costé de la clouldre pour le logement du jardinier ayant la charge des arbres fruictiers dudict parc, en conséquence du marché de ce faict dès le quatriesme novembre de l'année dernière 1639, cy. vic l.

A luy, par autre ordonnance du quinze septembre 1640, la somme de sept cens neuf livres sur lesdictz ouvrages oultre et par dessus six cens livres qu'il a cy devant receuz sur iceux, cy . . . viic ix l.

A luy encores, par ordonnance du quatre décembre 1640, la somme de cinq cens quarante six livres dix huict solz pour son reste et parfaict payement de xviiic lv l. xviii s., à quoy se sont trouvés monter lesdictz ouvraiges, particulièrement déclarez au thoisé et reception d'iceux du xxvie septembre 1640 en presence dudict sieur controlleur general par lesdictz Millet [fol. 11 v°] et Martin, maçon, et demeurant audict Fontainebleau, et ce oultre et par dessus treize cens neuf livres qu'il a cy devant receue sur lesdictz ouvrages, cy. vc xlvi l. xviii s.

[Fol. 24 r°.] [Grognet, ordonnance du 9 oct. 1640.] Les crespis rejoinctemens et ravallement des murs par dehors dudict pavillon des poesles à prendre depuis l'angle de la chambre des antiques jusques au mur de la grande gallerie, contiennent ensemble seize thoises de pourtour sur huict thoises de hault, le fort au foible, une partie des bées rabattue, valant à mur à quatre thoises pour une eu esgard aux eschaffaudages, cy . . . . xxxII th.

[Fol. 26 r°.] Les trous faictz dans la pierre de taille et scellement en plastre de la grande porte à deux venteaux, entrant du vestibulle de la gallerie de François premier sur le jubée de la chappelle, evallué . . . . xII p.

[Fol. 26 v°.] Le pavé de carreau assis en mortier de chaux et sable faict à l'aire de la chambre des anticques en deux endroictz, evalluez ensemble. . . . . x th.

Le debouschement d'une grande croisée à ladicte chambre des antiques du costé de la court de la fontaine, ragrayement des piedz droitz de pierre de taille et rendu place nette, evalluez à mur . . . . x th. vI p.

[Fol. 38 v°.] Plus a esté faict la demolition, recherche et restablissement des murs de pierre de gresserie au pourtour de la fontaine carrée du jardin des peins, fourny de plusieurs pierres de gresserie taillées et picquées qui manquoyent aux trois assizes, adjousté une petite pierre assize de ladicte pierre et une bande de liais pardessus, provenans de la démolition des perrons de la Cour de la Fontaine, pour servir de couronnement; comme aussy faict le restablissement en maçonnerie du massif et marches de la descente d'icelle fontaine et continuation de la bande de liais, le tout bien et deuement refaict, posé, assis et joinctoyé de chaux et cyment, contenant ensemble xvII th. IIII p. de pourtour sur xIIII p. de hault, vallent xI th. et x p., qui à raison de x l. pour chacune thoise, à quoy nous l'avons prisée et estimée valoir loyaument, montent à la somme de. cxvII l. xv s. vI d.

Continuation avant portail.

[Fol. 45 v°.] A Pierre Chastellain, m° maçon, demeurant à Paris, à present à Fontainebleau, par ordonnance du quatriesme jour de may 1640, la somme de deux mil cent trente sept livres cinq solz huict deniers pour son remboursement de semblable somme, par luy payée à plusieurs ouvriers appareilleurs, picqueurs, pozeurs, maçons, tailleurs de pierre, manœuvres, voicturiers et autres personnes qui ont vacqué et travaillé à la continuation et paraschevement des ouvrages de maçonnerie que Sa dicte Majesté a commandé estre faictz pour la construction d'un advant portail entre la Court d'offices et le donjon dudict chasteau, lequel se conciste en deux gros murs de chaussées à travers le fossé, chacun de huict thoises de long sur six piedz de hault [fol. 46 r°] faictz de grandz quartiers de pierre de gresserie, taillées et picquées jusques au rez de chaussée de ladicte Court, et au dessus continué les murs d'apuis avec bahus de ladicte pierre, aussy taillées et picquées ensemble en deux gros murs de contrescarpe aux deux costez dudict advant portail, chacun de quatre thoises cinq piedz de long sur neuf piedz de hault, à prendre depuis le rez de chaussée du fossé jusques à la haulteur de la ballustrade au long de laquelle sont erigez des piedz d'estaux par espasse, taillez en pointe de diamens garnies de leurs corniches, au dessus tous les dictz murs et piedz d'estaux faictz de ladicte pierre de gresserie taillée et picquée comme dessus, faisans paremens de tous les costez, posez, assis et joinctoyez avec mortier de chaux et sable, mesme à la construction d'un gros massif contenant quinze piedz de long [fol. 46 v°], neuf piedz d'espoisseur et six piedz de hault, maçonné de gros libages, coings, moillon, chaux et sable, sur lequel massif ont esté errigez deux piedz d'estaux de grandes pierres de ladicte gresserie, taillées et picquées, ayant deux piedz trois poulces en carré, faictz en termes, chascun de quatorze piedz et demy de hault depuis le rez de chaussée du pavé du pont jusques au dessus du chappitteau, ornez de tous les costez de x grandes tablettes, tables, bossages et autres ornemens d'architectures avec les basses (*sic*) tuscanes et bornes, que pour les fraiz de la fente des dictes pierres de gresseries, voictures d'icelles et autres despences necessaires, le tout ainsy qu'il est particulierement declaré au roolle de ce faict se concista en neuf sepmaines entieres, la premiere commençant le lundy viᵉ febvrier, présente année 1640, et la neufᵐᵉ finissant le sabmedy viiᵉ jour d'avril ensuivant audict an, deuement veriffié et arresté par ledict sieur controlleur general le deuxᵉ jour de may audict an, cy . . . . iiᵐ cxxxvii l. v s. viii d.

Perrons rempans.

[Fol. 68 r°.] Audict Pierre Chastellain, mᵉ maçon, demeurant à present à Fontainebleau, par ordonnance du xxviᵉ jour de novembre 1640, la somme de vingt un mil trois cens vingt trois livres seize solz pour son remboursement de semblable somme par luy payée à plusieurs ouvriers appareilleurs, picqueurs, tailleurs de pierre, maçons, poseurs, manœuvres, carriers, voicturiers et autres personnes qui ont vacqué et travaillé tant à l'abattage et desmolition des deux grands perrons rempans de la Cour de la Fontaine dudict chasteau, en montant à la salle des gardes de Sa Majesté, et l'autre au pavillon du bout de la salle du château du costé de l'estang, à cause qu'ilz estoyent tous ruynez et corrompus, que à la reffection et relevement à neuf desdicts perrons, tant murs de fassades, murs de refendz, voultes, marches, appuis, piedz d'estaux et deppendances d'iceux, chacun perron contenant huict thoises deux piedz de long, iii th. iiii p. demye de hault, ayans douze piedz de large dedans œuvre, lesdictz murs de fassades garnis par le pied de trois assizes, compris le cordon de grandz quartiers de pierre de gresserie taillées et picquées et au dessus doigez (?) de pierre de Sᵗ Leu, taillez en bossages jusques à l'apuis, lequel a esté faict de pierre de St Leu, liais de Paris, ornez par devant de quartz de rondz, filletz et moullures; les marches faictes de ladicte pierre de liais assizes, posées et joinctoyées avec chaux et cyment et le dessoubz sur les voultes et massifz garny d'un aire de cyment; lesdictz massifz faictz de grands libages, blocquaille et moillon provenant de ladicte desmolition, maçonnerie avec mortier de chaux et sable; les deux premieres voultes soubz les palliers faictes de pierre de St Leu en forme de pendants de balence et les aultres voultes en rempans soubz les marches maçonnez de libages, chaux et sable garnies de chesne de pierre de St Leu avec embassement de pierre de gresserie taillée et picquée; ensemble pour la construction de deux gros piedz d'estaux au bout de chacun perrons faictz de grandz quartiers de ladicte pierre de gresserie taillée et picquée avec les basses et corniches au dessus desquelles sont posez les sphins (*sic*) de bronze; comme aussy aux reprinses et empattemens de pierre de St Leu, des murs de ladicte salle du théâtre de long de la rampe des marches, et encores pour la construction de plusieurs portes faictes de ladicte pierre de gresserie taillée et picquée tant pour entrer dans les offices du goblet du Roy que soubz lesdictz escalliers, mesme pour la reffection d'aulcuns morceaux de corniches et entablement de pierre de St Leu, tant à la gallerie de François premier que à l'encoignure de la salle des gardes, avec plusieurs apuis et mesneaux de pierre de liais, qu'il a convenu remettre aux croisées de ladicte gallerie, du costé de la terrasse, et à la refection et changement de ladicte corniche de pierre de gresserie taillée et picquée au dessus de la porte des dauphins comme aussy à refaire les amortissemens de pierre de St Leu au dessus de l'entablement du cabinet de la Royne, mere du Roy, près le pavillon des poisles, du costé de ladicte Court de la Fontaine que pour les achaptz de la pierre, tant de lyais que de St Leu, fente de celle de gresserie, voictures et chariages d'icelles par eau et par terre, achaptz de chaux, plastres et cyment et autres despences necessaires faictes pour raison et perfection desdictz ouvrages, le tout ainsy qu'ilz sont declarez en un roolle de ce faict consistant en trente six sepmaines entières, la premiere commençant le lundy XIIe jour de mars, presente année 1640, et la dernière finissant le sabmedy XVIIe novembre audict an, deuement veriffié et arresté par ledict s^r controlleur general le XXe jour des dictz mois et an, cy . . . . XXI^m III^C XXXIII l. XVI s.

Appareilleur.

Mathurin Testu (35 s. par jour).

Charpente.

[Fol. 221 r°.] A Pierre Mortillon, m^e charpentier, demeurant à Fontainebleau, par ordonnance du quatriesme aoust 1640, la somme de sept cens livres pour premier payement et sur les ouvrages de charpenterie faictz pour le Roy durant ladicte année, tant pour le restablissement du bas des combles de la gallerie de François premier, salles des gardes et du théâtre, en la fassade de la Court de la Fontaine, à cause des chesneaux à bavette qui y ont esté faictz de neuf, que pour la construction d'un petit logis dans le parcq, du costé de la couldre, eschaffaux pour les peintres grisailleurs qui travaillent à la voulte de l'esglize que Sa Majesté a faict bastir dans le bourg dudict Fontainebleau, abattage et toictures de plusieurs poultres et autres ouvrages en divers endroictz du chasteau, cy . . . VII^c l.

[Fol. 234 r°.] [Pierre Mortillon.] La charpenterie faicte et posée en place pour l'eschaffaudage double de l'esglize que le Roy a faict bastir dans le bourg dudict Fontainebleau, afin de donner moyen aux peintres de travailler aux ouvrages de peinture grisaille du plat fondz et voultes en lambris du pourtour du dedans de ladicte esglize, garnye de quatre tirans, chacun de cinq thoises de long et de huict à neuf pouces de gros, le dessus desquelz sur la largeur de ladicte esglise et la longueur de moictié de la nef d'icelle sont posez plusieurs fleurons et pièces de traverses, peuplez d'aiz par dessus et le second d'eschaffault, garny de quatre treteaux peuplez d'ais par dessus, sur lesdictes longueurs et largeur, lesquelz eschaffaux ledict Mortillon sera tenu rapporter au long d'icelle esglize pour la commodité d'icelles peintures jusques à perfection dudict ouvrage, après lequel icelluy Mortillon reprendra son bois, ce que nous aurons prisé et estimé après suputation de calcul de la despence desdictz eschaffaulx, tant pour bois, façon, chariages et peine d'ouvriers à la somme de deux cens cinquante livres, qui est le prix qui luy en auroit esté accordé verballement, cy . . . . II^c L l.

[Fol. 288 r°.] [Claude Millon, m^e menuisier, dem^t à Fontainebleau, ordonnance du 11 août 1640.] Plus pour avoir faict [et] fourny deux caisse de bois de sapin, chacune de cinq piedz et demy de long, deux piedz et demy de large et dix-huict pouces de profondeur, pour servir à mettre les modelles des dauphins de bronze qui doibvent estre faictz au bas des dessentes et esgoutz de la gallerie de François premier, pour les envoyer à Paris, pour ce cy . . . . XXII l.

Serrurerie.

[Fol. 298 r°.] [Simon Benoist, m^e serrurier, dem^t à Fontainebleau, ord. du 26 mai 1640.] Plus pour avoir faict la ferrure des unze petites armoires faictz dans la concavité des arcades du lambris derrière l'authel et à costé de ladicte chappelle [basse du donjon], garnie chascune, scavoir dix de deux fiches et une serrure à pesle dormant, avec six verrouils à ressort, et la unz^e de deux fiches et une targette polly à l'huille, cy . . . . XXVI l. X s.

[Fol. 299 v°.] Plus pour avoir faict trois clefz neufves, scavoir une grosse clef de la serrure du guichet de la porte de l'entrée du donjon pour servir aux religieux Mathurins du couvent royal fondé audict chasteau, afin d'aller desservir la chapelle basse du donjon, un autre pour la serrure du fleau de ladicte porte et la troisiesme pour une serrure à bosse de l'une des chambres à costé où logent les archers de la porte, pour cecy . . . . LVI s.

[Fol. 300 r°.] Plus pour avoir faict et fourny quatre douzaines de petitz crochetz de fer à enfester, tant au pavillon du cabinet, joignant le pavillon des poesles, qu'à la librairie, pour cecy . . . . VI l.

[Fol. 301 v°.] Plus pour avoir ferré huict grandes croisées neufves aux deux chambres carrées du dict pavillon [des poesles], au dessoubz du galletas où sont les travaux d'Hercule, scavoir six en la premier (*sic*) chambre du costé de la Court de la Fontaine, garnies chacune de trente six fiches, douze tarjettes à panaches et six pattes, et les deux autres dans la seconde chambre du costé de la Court du Cheval blanc, garnies chacune de trente-six fiches et six pattes, rataché les vieilles tarjettes et fourny de crampons de fermetures et broquettes, pour ce cy ensemble . . . . CXV l. XII s.

[Fol. 302 r°.] Plus pour avoir referré le placard de la chambre au dessoubz de celles cy dessus, où loge la Royne mère du costé du passage allant à la grande gallerie, et avoir fourny d'un locquet et deux targettes, pollies à huille, pour ce cy . . . . XL s.

Plus pour avoir racommodé la ballustrade où se met le lict dans la dicte chambre et fourny deux esguiers, deux pattes et deux targettes à panasches, pour ce cy . . . . XL s.

[Fol. 304 r°.] Plus pour avoir faict une clef neufve à la serrure de la porte de la chambre du confesseur du Roy, dans le pavillon de la terrasse, près le grand escalier, cy . . . . XV s.

[Fol. 312 r°.] [Jean Rossignol, m^e serrurier à Fontainebleau, ordonnance du 5 avril 1640.] Plus le seiz^e dudict mois a esté fourny deux barres de fer carrées de neuf piedz de long, compris les coudes, pour servir à faire les deux modelles des thuiaux de cuivre qui ce doibvent mettre au bas des dessentes et esgoutz de la gallerie de François premier en la fassade de la Court de la Fontaine, poisant ensemble quatre vingtz sept livres, cy . . . . IIII^xx VII l. fer.

[Fol. 313 r°.] Plus lesdictz jours et an a esté fourny deux autres grilles de fer, scavoir, l'une garnie de six barreaux, chacun de trois piedz de long, pour employer à une croisée d'un cachot de la geolle, et l'autre garnie de quatre barreaux, chacun de trois piedz et demy de long et une traverse de deux piedz pour la fenestre sur la montée de la chambre de l'audiance, poisant ensemble cent soixante livres, cy. . . . . CLX l. fer.

[Fol. 316 v°.] Plus pour avoir faict et fourny trois crochetz de fer pour entretenir les pierres des ornemens du fronton du cabinet de la chambre de la Royne, mere du Roy, cy . . . . LX s.

[Fol. 320 v°.] Plus pour avoir changé et regarny de neuf la grosse serrure de la premiere porte de l'entrée de la geolle, fourny une clef neufve, pour ce cy . . . . LXX s.

Ballustrade de fer.

[Fol. 324 v°.] A Estienne Poyart, m^e serrurier à Paris, par ordonnance du IXe jour de may 1640, la somme de mil livres pour premier payement et sur les ouvraiges de serrurerie et gros fer au poidz qu'il a entrepris et doibt faire pour le Roy à la construction d'une porte et ballustrade de fer garnie de barreaux, montans, traverses, arquitraves, frises, fleurons retournés et autres ornemens pour l'avant portail qui est faict de neuf à l'entrée du donjon du chasteau dudict Fontainebleau, du costé de la Court d'office, cy la somme de . . . . M l.

[Fol. 325 r°.] A Nicolas Cuissin, serrurier, demeurant à Fontainebleau, par ordonnance du vingt neufv^e jour d'octobre 1640, la somme de six vingt livres pour son payement d'avoir faict et fourny la ferrure de l'une des portes à deux venteaux, entrant du passage de la terrasse et logement de la Royne, mere du Roy, dans le vestibulle de la gallerie de François premier au chasteau dudict Fontainebleau, garni des pièces et ferrures qui ensuivent, scavoir, six grosses fiches à repos embellies à chacune extrémité des broches d'un vase, avec vingt quatre pointes à teste ronde, dont il y en a seize qui sont garnies de rozettes, plus huict esquieres limez, embellies à chacun bout d'une fleur de lys, avec douze clous à teste ronde à chascun esquiere, plus neuf pattes garnies de chacun un cloud à teste ronde pour arrester les basses dormant, plus deux grandz verrouilz ou poesle à pignon fermant les deux ensemble, contenant sept piedz et demy de hault ou environ, retenus avec cinq estriers de plattines, plus un pignon garny d'un moraillon, orné de deux dauphins entrelassez l'un à l'autre et tournans dans un canon, et une rozette ou plattine avec la serrure pollie et embellie de chiffres, couronne de feuillasmes faict au burin et les quatre vices en bois ornez chacune d'une rozette de relief; plus pour la serrure du venteau, qui s'ouvrira d'ordinaire, a esté faict une serrure à tour et demy, garnie sur le passe partout du chasteau avec quatre vis gaschées et entrées, le tout polly à l'huille; et pour tirer ledict venteau et le fermer, faict un boutton orné de feuillasmes de relief avec la plattine ou rozette, et ce qui apparoist de la susdicte ferrure au dehors, mis en coulleur d'eau, le tout de marché verballement faict avec ledict Cuissin, ainsy qu'il est déclaré en la certiffication dudict s^r controlleur general pour ce expediée le vingt^me dudict mois de novembre audict an, pour ce cy . . . . VI^xx l.

6

[Fol. 326.] A Estienne Pompet, serrurier, demeurant au dict Fontainebleau, par ordonnance du 29e jour d'octobre 1640, la somme de 300 l. pour premier payement sur les ouvrages de serrurerie et gros fer au poidz qu'il a faictz et continue faire pour le Roy, tant à la ferrure de deux portes à deux venteaux, l'une entrant sur le jubé de la grande chapelle du chasteau dudict Fontainebleau et l'autre pour entrer du vestibulle dudict jubée dans la gallerie de François premier, que au chassis servant de vitrail à fermer la première arcade du grand pavillon de l'entrée du donjon du costé de la chaussée de l'estang pour le logement de Monsieur le Grand Escuyer, la somme de . . . . IIIc l.

[*Vitrerie.*]

[Fol. 327 vo.] [Claude Tissarant, vitrier, demt à Fontainebleau. Ordonnance du 28 juillet 1640.] En sa Cour de la Fontaine et pavillon des poesles, aux trois croisées de la chambre de l'estage au-dessus du rez-de-chaussée du pavillon des poesles, où loge la Royne, mere du Roy, scavoir l'une du costé de la Court et les deux autres sur la petite terrasse, pour avoir faict vingt quatre panneaux de verre neufz, de verre de France, de plusieurs mesures réunies ensemble à la quantité de six vingtz quatre pieds, cy . . VIxx IIII p. de verre.

[Fol. 328 vo.] Plus, pour avoir garny lesdictz chassis de pappier de cotton collé avec colle forte, huille tout du long, et garny en chacun carré de quatre pointes pour entretenir le verre, à raison d'un sol six deniers pour chacune espasse desditz trois cens soixante huict pieces, aussy prix verballement faict montant ensemble à la somme de . . . . XXVII l. XII s.

[Fol. 330 ro.] Plus, pour avoir faict quarante huict panneaux neufz de verre de France, de plusieurs mesures, aux huict croisées des chambres en galletas du corps de logis du logement de la Royne, mere du Roy, du costé de la Court de la Fontaine, à prendre depuis ledict pavillon des poesles jusques sur la montée du pavillon des peintures, revenant ensemble à deux cens quarante ung pied, cy. . . . . IIc XLI p. verre.

[Fol. 335 a b.] Plus pour avoir relevé les chassis en verre de la chambre et cabinet du pavillon du coing de la conciergerie dudict chasteau où loge Monseigneur de Noyers et fourny à iceux huict grandes pieces carrées neufves de verre de France, avec quarante feuilles de papier de cotton, le tout recollé, huillé et reposé, pour cecy . . . . VI l. IIII s.

Plus pour avoir relevé les quatre guichetz des grandz chassis à verre et à pappier de la chambre et cabinet du Roy audict logis de la consciergerie, iceux nettoyés et recollez à neuf, et fourny trois grandes pièces carrées neufves de verre de France avec quatre feuilles de pappier, le tout huillé et reposé, pour cecy . . . . IIII l. X s.

[Fol. 335 v°.] Plus pour avoir relevé les quatre guichetz des grandz chassis à verre et à pappier de la chambre et cabinet du Roy audit logis de conscierges, iceux nettoyez et recollez à neuf et fourny trois grandes pieces carrées neufves de verre de France avec quatre feuilles de pappier, le tout huillé et reposé, pour cecy . . . . IIII l. X s.

[*Peinture.*]

[Fol. 337 r°.] A Claude d'Oęy, peintre et vallet de chambre ordinaire du Roy, par ordonnance du XIIe mars 1640, la somme de neuf cens livres pour premier payement et sur les ouvrages de peintures, dorures et enrichissementz qu'il a faictz et continue faire pour Sa Majesté durant la présente année, tant pour les bavettes, canons, thuiaux de descentes et cuvettes des chesnaux de plomb que sadicte Majesté a commandé estre faictz au pourtour des esgoutz de la Cour de la Fontaine dudict chasteau de Fontainebleau que pour autres peintures en coulleur de bois et de muscq en plusieurs endroictz d'icelluy chasteau, cy . . . . IXc l.

A luy encores par ordonnance du IIIe jour de décembre 1640, la somme de cent quatre vingt livres pour son reste et parfaict payement de la somme de trois mil cent quatre vingtz livres, à quoy se sont trouvez monter lesdictz ouvrages particulierement declarez ez parties arrestées par ledict sieur controlleur general, le XIIe jour de novembre 1640, cy . . . . CIIIIxx l.

[Fol. 337 v°.] Avons trouvé avoir esté peint à huille de noix, doré et enrichy touttes les bavettes et ongletz des chesneaux et esgoustz de plomb faictz au pourtour et fassade de la Court de la Fontaine dudict chasteau, à commencer du pavillon des poesles continuant le corps de logis du logement de la Royne mere, gallerie de François premier, le long de la terrasse contournant sur la salle des gardes du Roy et sur la grande salle du teastre avec le bout et croupe d'icelle du costé de l'estang, lesquelles bavettes et ongletz ont esté couchez d'or fin, ombrées et retirées suivant le dessein qui en avoit esté resolu par ledict seigneur de Noyers, faict sur les quartz de rondz des ouves et fleurs d'or aussy ombrées et retirées, et à la frise au-dessoubz des fruictz, fleurs, chiffres, dauphins et palmes d'or pareillement ombrez et retirez avec un filet d'or d'un poulce et demy de large, revenant le tout ensemble à la quantité de six vingtz cinq thoises deux pieds de longueur, lesquelles nous avons prisez et estimez à la somme de dix huict cenz quatre vingtz livres, qui est à raison de quinze livres la thoise courante eu esgard à la grande quantité d'or qui est entré ausdictz ouvrages, et au travail et journées des ouvriers, cy. . . . . XVIIIc IIIIxx l.

Plus avons trouvé avoir aussy esté peint à huille, doré et enrichy, les dix sept canons de plomb qui reçoivent les eaux desdictz chesneaux de la Court de la Fontaine et les barres de fer par dessoubz blanchies de blancq de plomb, scavoir quatre au pavillon des poesles et cabinet du logement de la Royne mere, huict au corps de logis dudict logement, et cinq à la salle des gardes, salle du teastre et croupe d'icelle du costé de l'estang, touttes les plattes bandes, feuilles et moullures de six canons couchées d'or coulleur et dorez d'or fin retirez et ombrez où il estoit besoing, revenant ensemble lesdictz canons à la quantité de vingt trois thoises de longueur, qui à ladite raison de quinze livres pour chacune thoise courante, à quoy nous l'avons prisée et estimée valloir bien et loyaument revenant à la somme de. . . . . IIIc XLV l.

Plus a esté comme dessus peint à huille, couché d'or coulleur, doré d'or fin, ombré et retiré tous les cordons, feuilles, quartz de rondz et chiffres du Roy et de la Royne des huict cuvettes de plomb qui reçoivent les eaux des esgoustz et chesneaux de la gallerie de François premier en la fassade de la dicte Court de la Fontaine, ensemble peint et enrichy avec fleurs de lys ombrées et retirées les thuiaux de descentes au dessoubz desdictes cuvettes conduisant l'eaue dans le thuiaux de fonte qui y seront aposez, evallué le tout à la quantité de unze thoizes de longueur qui audict prix de quinze livres pour chacune thoise courante, à quoy nous l'avons aussy prisée et estimée valoir loyaument, montent à la somme de . . . . . . CLXV l.

[Fol. 339 v°.] Plus a esté repeint et doré d'or fin unze petites consolles au dessoubz du lambris du cabinet de ladicte dame, lesquelles y ont esté refaictes de neuf, pour cecy prisé la somme de six livres, cy . . . . VI l.

Plus avons trouvé avoir esté peint deux chassis à verre de la croisée dudict cabinet du costé de l'estang garniz de deux gros filletz d'or autour et au dessoubz, à la corniche du lambris, trois moullures dorées jusques aux coings dudict lambris comme aussy peint et refaict environ une thoise de la platte bande du plat fondz dudict cabinet, où a esté peint un guillochis de blancq ainsy que le viel, ce que nous avons prisé et estimé à la somme de douze livres, pour cecy . . . . XII l.

Plus à la salle des gardes de ladicte dame a esté peint à huille le lambris au dessoubz de la croisée qui regarde sur la terrasse de la Court du Cheval Blancq, contenant six piedz de long à trois piedz de hault, garny de fleurs, de rabesques, roses, istelles, filletz et deux camayeux, ce que nous avons prisé et estimé la somme de neuf livres, cy . . . . IX l.

[Fol. 340 v°.] Plus a esté peint à huille en couleur de boys, une quatriesme foys la porte à deux venteaux de l'entrée du vestibulle de la gallerie de François premier, ensemble la porte du passage allant du costé de la terrasse du grand escallier dudict chasteau, pour la conservation de ladicte porte et ornements d'icelle, ce que nous avons prisé et estimé la somme de six livres, pour cecy . . vi l.

[Fol. 340-341.] Plus a esté peint à huille de noix, deux fois, la fasse et les profils des lettres du cadran de l'orloge dudict chasteau, avec le soleil et les boules; et du depuis, à cause que cela paroissoit trop rude, a esté repeint les profils desdictes lettres de blancq de plomb et doré la rose, la fleur de lys, L couronnée, le soleil et les boulles, ce que avons prisé et estimé, tant pour or, façon et peines d'ouvriers, la somme de . . . . xlv l.

[*Grisaille de l'esglize du bourg.*]

[Fol. 342 r°.] A Louis Coubithon (*sic*), m^e peintre grisailleur, demeurant de present à Fontainebleau, par ordonnance du deux^e jour de janvier 1641, la somme de dix sept cens dix neuf livres un sol six deniers t. pour son remboursement de semblable somme par luy payée et advancée tant pour les journées, peynes, sallaires et vaccations de plusieurs peintres brayeurs et autres personnes qui ont travaillé à commencer les ouvrages de peintures grisailles que le Roy a commandé estre faictz au pourtour de la voulte en lambris de la grande esglize que Sa Majesté a faict bastir dans le bourg de Fontainebleau, pour la decoration d'icelle, que pour les rachaptz de couleurs estoffes, huille de noix, et autres fraiz necessaires durant le temps, pour les prix et ainsy qu'ilz sont declarez par le menu au roolle de ce faict et constatez en vingt trois sepmaines, la premiere commençant le lundy xxiiie jour de juillet presente année 1640, et la vingt troisiesme finissant le samedy xxixe jour du présent mois de decembre audict an, le tout deuement veriffié et arresté par ledict sieur controlleur general, comme appert par la certiffication expediée en fin dudict roolle en date du dernier jour du mois de decembre audict an 1640, cy . . . . xvii^c xix l. i s. vi d.

[*Peintres.*]

[Fol. 343 r°.] A Louis Coubichon, conducteur, et travaillant pour douze journées à raison de soixante solz par jour, de marché faict, vallant . . . . xxxvi l.

A Claude Clement, pour douze journées à xxx s. . . . xviii l.

A Michel Gayen, pour douze journées à xxx s. . . . . . xviii l.

[Fol. 345 v°.] A Louis Coubisson (*sic*), conducteur, pour unze journées audict prix de lx s., cy . . . . xxxiii l.

A Claude Clement, pour unze jours à xxx s. . . . xvi l. x s.

A Michel Payen, pour unze journées à xxx s. . . . xvi l. x s.

A Claude Nivelon, pour unze jours à xxx s. . . . . xvi l. x s.

A Claude Nivelon le jeune, pour unze journées à xxv s. xiii l. xv s.
A Jean Barré, pour unze journées à xxv s. . . . xiii l. xv s.
A David Bouzé, pour dix journées et demie à xxx s. . xvi l.
A Claude Bouzé, pour huict journées à vingt cinq solz, cy. x l.
[Fol. 345 v°.] A Jean Poisson, pour six journées . . vii l. x s.

Peinture de la porte et balustrade de fer de l'avant-portail du donjon. Septembre 1640.

[Fol. 335.] A Nicolas Jourdan, demeurant à Fontainebleau, pour son remboursement de pareille somme par luy payée et advancée pour les journées d'aucuns peintres, brayeurs et autres personnes qui ont travaillé et commencé à peindre la porte et balustrade de fer de l'avant-portail nouvellement construit pour l'entrée du donjon du chasteau dudict Fontainebleau, du côté de la cour d'offices, ensemble pour les achapts de l'or fin en feuilles, couleurs et autres choses necessaires, tant pour employer à ladicte ballustrade que pour autres ouvrages et estoffemens qu'il convient faire audict chasteau. . . . . iii^c lx l. x s.

Peintres.

[Fol. 355 v°.] A Denis Bouzet, pour cinq journées à xxx s. vii l. x. s.
A Guillaume Renou, pour cinq journées audict prix . vii l. x s.
A Nicolas Roccart pour trois journées audict prix . . iiii l. x s.
[Fol. 356 b.] A Nicolas Saincton, peintre, demeurant audict Fontainebleau, pour son paiement d'avoir peint à huille et couché deux fois de blanc de plomb, en couleur de gris de perle, sept grands chandelliers de boys, garnis de consolles, à mettre six flambeaux et iceux ornés de fillets d'or sur les moullures et quarts de rond, pour servir dans le logement du Roy et de la Royne au chasteau dudict Fontainebleau, ensemble pour avoir aussy peint à huille et imprimé deux fois les platines fines, lettres et machines de bronze et de fer des deux cadrans, faictz de neuf audict lieu, l'un dans la Cour de la Fontaine, sur le millieu de la gallerie de François premier, et l'autre dans le donjon, entre deux lucarnes au-dessus de la Chambre de Madame d'Estampe, comme aussy peint et doré les chiffres, palmes et tulippes de fer desdits cadrans, pour orner iceux et empescher la rouille dudict fer et verd de gris de la bronze, à quoy faire il auroit vacqué vingt six journées, à raison de xxx s. par jour . . xliii l.

Sculpture.

[Fol. 359.] A Gilles Guérin, par ordonnance du xve mars 1640, sur les ouvrages de sculpture faits pour le Roy en son chasteau de Fontainebleau, tant au cadran du clocher de la belle chapelle et à l'avant portail de la cour du donjon, que pour deux modelles de dauphins envoyés au fondeur . . . . xviii^c l l.

[Fol. 360 r°.] Audict Guérin, par ordonnance du xiie juillet 1640, la somme de quatre cens quatre vingtz cinq livres dix neuf solz pour son remboursement de semblable somme par luy payée et advancée pour les journées de plusieurs ouvriers tailleurs de pierres qui ont travaillé soubz la conduitte dudict Guérin, tant à l'esbauchage du cadran de l'orloge de la grande chappelle du château dudict Fontainebleau que à degrossir à la carriere du Mont Chauvet, dans la forest dudit lieu, les deux grands blotz de pierre de gresserie destinez pour les bustes que le Roy a commandé estre faictz et posez sur les piedz d'estaux de l'avant portail du donjon pour les rendre charroyables, avec autres fraiz faictz pour les modelles tant desdictz bustes que des dauphins pour les dessentes de la gallerie de François premier, le tout ainsi qu'il est particulièrement déclaré au roolle de ce faict commençant le ixe jour de janvier audict an, [fol. 360 v°] finissant le sabmedy dernier jour de juin ensuivant, deuement veriffié et arresté par ledict sieur controolleur général, suivant la certiffication pour ce expediée le xixe dudict mois de juillet pour cecy. iiii^c iiii^xx v l. xix s.

A Nicolas Fleury, pour seize journées à xxx s. . . . xxiiii l.

A Jean Fromentau, pour treize journées audict prix. . xx l.

A Jacques Perier, pour neuf journées . . . . xiii l.

A Denis Langevin, pour huict journées . . . . xii l. x s.

A Nicolas Racine, pour deux journées. . . . . . . lx l.

[Fol. 361 r°.] Plus a esté payé pour douze septiers de plastre qui ont esté employez, tant pour faire les modelles desdicts bustes que des dauphins pour les descentes de la gallerie de François premier, à raison de quarante solz le septier, la somme de . . . . xxiiii l.

Fonderie.

[Fol. 363 r°.] A Jean Mahieu, m^e fondeur à Paris, par ordonnance du xvie juin 1640, la somme de six cens livres pour premier payement et sur les ouvrages de fonderie pour huict thuiaux de cuivre rouge garni de figures de dauphins et autres ornemens pour recevoir les eaux des chesneaux faictz de neuf aux esgoutz de la gallerie du Roy François premier en la fassade de la terrasse de la Court de la Fontaine dudict chasteau, à raison de xxii s. pour livres, eu esgard à la difficulté de cecy . . . . vi^c l.

Orlogerie.

[Fol. 364 r°.] A Jean le Gangneur, m^e orloger à Paris, par ordonnance du xviiie jour d'aoust 1640, pour premier payement et sur les ouvrages d'orlogerie, mouvement et machines qu'il a faictz et continue faire pour le Roy à la construction d'un grand orloge et tour cadran en son chasteau de Fontainebleau, la somme de six cens livres, pour cecy . . . . vi^c l.

Parties extraordinaires.

[Fol. 382 v°.] A Philippe et Simon Fromenté, carriers, demeurant à Fontainebleau, par ordonnance du xiie may 1640, la somme de quarante livres pour leur payement d'avoir fouillé et fendu exprès aux fosses du Montchauvet dudict Fontainebleau deux grandz blocqs de grez chascun de quatre pieds et demy cube pour estre employés à faire les deux bustes de sculptures ordonnez par Sa Majesté estre faictz pour servir d'admortissement à l'advant portail, que l'on construit de neuf à l'entrée du donjon dudict chasteau, qui est à raison de vingt livres pour chacun blocq, de marché verballement faict avec eux, eu esgard qu'ilz auroyent fourny de grande quantité de coings et masses de fer, engins et esquipages pour la fente desdictes pierres, lesquelles ont esté difficiles à fouiller et recouvrer suivant certiffication dudict s^r controlleur general pour ce expédiée le xvie avril audit an, cy. . . . . xl l.

A François le Maire, mareschal, demeurant audict Fontainebleau, par ordonnance du dernier avril 1640, la somme de soixante huict livres pour son payement d'avoir faict, fourny et mis en œuvre la quantité de trois cens quarante livres de fer, tant bandages, cloudz, frettes, boistes, lians et chevilles ouvrieres que lians de lissoirs, fourchettes, boullons, esses, mufles, pattes ou escrous, le tout pour la ferrure d'un gros charriot, pour servir à charrier et voicturer depuis le Mont Chauvet, dans la forest dudict Fontainebleau, jusques dans la court de l'hostel d'Albrayt dudict chasteau, les deux grandz blocqs de grez destinez à faire les bustes de sculptures pour l'avant portail de l'entrée du donjon, qui est à raison de quatre solz la livre l'une portant l'autre de prix verballement avec luy, suivant la certiffication dudit s^r controlleur general pour ce expédiée le xxviiie desdictz mois et an, cy . . . . lxviii l.

[Fol. 384 v°.] A Claude des Lauriers, doreur, demeurant à Melun, par ordonnance du viie aoust 1640, la somme de trente livres pour son payement d'avoir doré d'or bruny à feu plusieurs pieces de la ferrure de la porte à deux venteaux faicte de neuf pour entrer du vestibulle de la gallerie de François premier sur le jubée de la grande chapelle dudit chateau, scavoir pour l'ouverture des verrouilz, le moraillon à charnière embelly d'une consolle avec feuillasmes de relief et rozettes, plus un gros boutton à ballustre avec une rosasse enrichie de feuilles d'aquante, ensemble l'escusson pour l'entrée de la serrure, fourny pour ce faire d'or et avec estoffes necessaires, le tout de prix verballement faict avec luy suivant la certiffication dudict s^r controlleur general pour ce expedié le VIIe desdictz mois et an, cy. . . . . xxx l.

[Fol. 385 r°.] A Nicolas Bezery, masson, demeurant à Fontainebleau, par ordonnance du XVIIIe septembre 1640, la somme de vingt livres pour son payement d'avoir faict et faict faire la demollition et abattage d'une grosse souche de cheminée et une lucarne de bricque à l'un des pavillons du grand jardin du chasteau dudict Fontainebleau, du costé de la vieille terrasse, et ce jusques sur l'entablement dudict pavillon, pour descharger icelluy et empescher l'accident qu'il en eust peu arriver durant l'hiver, à cause qu'il est prest à tumber, ensemble pour avoir faict le restablissement et desgorgement de l'une des rigolles des fossez dudict chasteau le long du gros mur du costé de la cour où estoit le cheval blancq, vis à vis l'entrée du jeu de paulme, le tout de marché verballement faict avec ledict Bezery, suivant la certiffication dudict s^r controlleur general, pour ce expediée le XVe jour desdictz mois et an, cy . . . . xx l.

[Fol. 386 v°.] A Pierre Le Sage, marchant, demeurant à Paris, par ordonnance du XXVe jour d'octobre 1640, la somme de cent quatre vingtz dix huict livres pour son payement d'avoir faict et fourny trente six bras de moullures de carton dorez d'or brun chacun de deux piedz de longueur ou environ, compris les retours pour mettre contre les murailles du logement du Roy et autres lieux de son chasteau de Fontainebleau et servir de chandelliers à porter des flambeaux chacun garny de plattines et bobesches de cuivre souldez de souldure d'argent, lesdictz bras livrez en la conciergerie d'icelluy chasteau le IXe jour desdictz mois et an entre les mains de Charles Moynier, garde general des meubles de Sa Majesté, qui est à raison de cent dix solz la pièce, compris le port d'iceux depuis Paris jusques audict chasteau de marché verballement faict avec ledit Le Sage, suivant la certiffication dudit s^r controlleur general pour ce expédiée le XXIIIe desdicts mois et an, cy . . . . CIIII^xx XVIII l.

A Adam Meusnier, demeurant à Fontainebleau, par ordonnance du Xe jour de novembre 1640, la somme de six vingtz quatorze livres cinq solz pour son remboursement de semblable somme par luy payée et advancée à plusieurs ouvriers charpentiers, voicturiers et manœuvres, et autres personnes qui ont vacqué et travaillé tant à charger les deux grosses pierres destinées pour les bustes de l'avant portail du donjon dudit Fontainebleau qu'à charroyer icelles depuis ladicte carriere jusques dans l'hostel d'Albrayt, et après que les sculpteurs les ont euz taillez iceux conduitz, levez et posez sur les piedz d'estaux dudit avant portail, où ilz sont de present, ensemble pour mener et remener avec chevaux et harnois les pièces de bois, chariot, brancard, verins, chables et autres esquipages necessaires, comme aussy pour avoir porté et charié de Paris au logis du fondeur les deux modelles de plastre pour faire les dauphins et dessentes de bronze des esgoutz de la gallerie de François premier, avec autres fraiz et despences faictes pour raison de ce particulierement declarées au roolle de ce faict deuement veriffié et arresté par ledict s[r] controlleur general le six[e] jour desdictz mois et an, cy. . . . . vi[xx] xiiii l. v s.

[Fol. 389 r°.] Plus a esté payé à Robert Mareschaux, charpentier, demeurant audit Fontainebleau, la somme de vingt quatre livres pour son payement d'avoir faict et fourny deux carrez de charpenterie, scavoir l'un garny de deux pieces chacune de six piedz de long et deux chacune de quatre piedz et demy, et de sept et huict poulces de gros, et l'autre aussy garnie de pièces, chacune de quatre piedz de long et de quatre poulces de gros qui sont entaillez les unes dans les autres et chevillées, pour conduire et mener avec roulleaux et pieces de boys les deux bustes depuis l'hostel d'Albret jusques dans la Cour d'offices, mesmes aydé à lever et poser iceux sur les pieds d'estaux dudit avant portail, et fourny pour cet effect de chables et equipages necessaires, lesquelz carrez de charpente, chable et esquipage il auroit pris[é] en après de marché verballement faict avec luy, cy . . . . xxiiii l.

[Fol. 390 r°.] Plus a esté payé audit Brossard, cy devant nommé, la somme de quinze livres pour son payement de la voicture par luy faicte depuis ledit Fontainebleau jusques à Paris des deux modelles de plastre pour faire les dauphins et dessentes de bronze qui doibvent estre mis au bas des esgoutz de la gallerie de François premier, en la fassade de la Court de la Fontaine dudit chasteau et iceux modelles rendus au logis du fondeur, de prix verballement accordé avec ledit Brossard, cy . . . . xv l.

[Fol. 390 r°.] A Jean Gardin, Michel Jollys, Sebastien Le Febvre, manouvriers, demeurant audit Fontainebleau, par ordonnance du xixe novembre 1640, la somme de vingt livres dix solz pour leur payement d'avoir vacqué et travaillé [à] nettoyer, arracher et oster grande quantité de rejectz d'hormes qui s'estoyent acreuz et eslevez sur les tapis au pourtour du canal du parcq du chateau dudit Fontainebleau et allées voisines, ensemble pour avoir couppé et porté de la fougere pour couvrir les deux escalliers rampans nouvellement construictz dans la Court de la Fontaine afin de les conserver contre la gelée et vacqué pour ce faire tous ensemble quarante une journée entières, qui est à raison de douze solz pour chacune, suivant la certiffication dudit s[r] controlleur general pour ce expédiée le quinz[e] desditz mois et an, cy. . . . . xx l. x s.

[Fol. 395 r°.] A Robert Jamin, demeurant à Fontainebleau, par ordonnance du viiie may 1640, pour avoir journellement fourny ou jetté du pain pour la nourriture des carpes que Sa Majesté a faict mettre dans l'estang dudit chasteau durant les mois de janvier, febvrier et mars, suivant la certiffication dudit s^r controlleur general pour ce expediée le XVIIIe avril de ladite année la somme de soixante quinze livres, pour cecy . . . . LXXV l.

Gaiges d'officiers.

[Fol. 396 r°.] Aux officiers du chasteau de Fontainebleau desnommez et contenus en l'estat du Roy, signé *Louis* et plus bas *Sublet...* etc., en datte du six^e jour de décembre M VI^c quarente, pour leurs gages du quartier de janvier de ladite année 1640, la somme de cinq mil trois cens quatorze livres seize solz trois den., cy . . . . V^m III^c XIIII l. XVI s. III d.

[Fol. 396.] A Marc Pioche, sieur de la Vergne, retenu par brevet de Sa Majesté du 8e janvier 1620, pour l'architecture, desseins et ornemens du chasteau de Fontainebleau, par ordonnance du 5e jour de janvier 1641, la somme de 300 l. pour ses gages durant les mois d'octobre, novembre et decembre de ladite année 1640, en consideration de l'actuel service qu'il rend continuellement ez armées de Sa Majesté, cy. . . . . III^c l.

Estats et appoinctemens.

[Fol. 397 r°.] A mondit seigneur de Noyers, cappitaine surintendant et ordonnateur des bastimens dudit chateau, pour les estatz et appoinctemens desdites charges durant la presente année 1640, suivant ledit estat du Roy, cy devant datté, la somme de six mil livres, cy. . . . . VI^m l.

Audit seigneur pour ses estatz et appoinctemens, à cause de sa charge de cappitaine et conscierge dudit chasteau, suivant ledit estat, la somme de seize cens livres, cy. . . . . XVI^c l.

[Fol. 398.] ***Abrégé de la despence faicte pour les bastimens du chasteau de Fontainebleau durant l'année 1640.***

Premièrement.

Maçonnerie	36,926 l. 16 s. 6 d.
Charpenterie	1,794 l. 4 s. » d.
Couverture	5,104 l. 16 s. 8 d.
Plomberie	7,079 l. 15 s. » d.
Menuiserie	4,404 l. 13 s. » d.
Serrurerie	6,516 l. 14 s. 5 d.
Vitrerie	1,767 l. 1 s. 6 d.
Peinture et dorure	5,302 l. 11 s. 6 d.
Sculpture.	1,850 l. » s. » d.
Roolle suivant	485 l. 19 s. » d.
Fonderie	900 l. » s. » d.

Horlogerie	1,660 l.	» s.	» d.
Vuidange de terre.	833 l.	» s.	» d.
Jardiniers, manouvriers et espaliers. . . .	2,408 l.	19 s.	8 d.
Parties extraordinaires	678 l.	15 s.	» d.
Gages d'officiers	16,696 l.	8 s.	9 d.
Entretenemens ordinaires	1,577 l.	10 s.	» d.
Estatz et appoinctemens.	8,600 l.	» s.	» d.
Total	103,587 l.	5 s.	1 d.

Arrêté par Donon, contrôleur général des bâtiments, le 15 février 1641.

Année 1641.

Maçonnerie.

[Fol. 2 r°.] Jean Grognet [ordonnance du 18 novembre 1641]. Le percement du mur dans le galletas au dessus de la chapelle joignant le pavillon des peintures pour faire une porte, et une dessente dans l'espoisseur du mur pour aller et venir à la conduitte des verges des cadrans, avec le sellement en plastre d'une porte de menuiserie, plusieurs gondz et crampons pour tenir un aiz qui cache les susdictes verges en la chambre en galletas dudit pavillon des peintures, evalluez ensemble à mur à . . . . II th. IX p.

[Fol. 2 v°.] Les lambris de latte et plastre faictz au derriere de la monstre du cadran de la Court de la Fontaine contiennent douze piedz de long sur six piedz de large, vallent . . . . II th.

Le sellement de plusieurs grandes pattes de fer en plastre au pourtour du cadran scellé dans la cheminée que (*sic*) rompu et restably la plinthe de brique pour porter des linges et [fol. 3 r°] ornemens, evalluez ensemble à . . . . I th.

[Fol. 3 r°.] Les lambris de plastre faictz de neuf par dedans les chambres en galletas de la gallerie de François premier ès environs dudict cadran contiennent ensemble douze piedz de long sur douze piedz de large, vallent . . . . IIII th.

[Fol. 4 r°.] Le lambris de plastre faict à la chambre en galletas proche la montée de la chambre et salle du theâtre, à cause que l'on pouvoit toucher audict cadran en cest endroict, contient six pieds de long sur six pieds de hault, vallent. . . . . I th.

[Fol. 9 r°.] Les trous faictz dans la pierre de taille et scellement en plastre de deux portes à deux venteaux du vestibulle de la grande chapelle, l'une au passage du logement de la Royne mere, et l'aultre entrant en la gallerie de François premier, evallué ensemble x th. VI p.

[Fol. 14 r°.] La maçonnerie de moislon, chaux et sable faict de neuf pour le mur de closture de la maison de la geolle, sur la grande place d'entrée du chasteau garny d'une chesne de coings de graisserie essommeillez, posage et maçonnerie de la porte cochere de ladicte maison faicte de pierre de gresserie taillée et picquée contient cinq thoises de long sur treize piedz de [fol. 14 v°] hault compris le chapperon vault dix thoises et demye douze pieds, cy. . . x th. xii p.

Charpente.

[Fol. 21 r°.] [Pierre Mortillon, m[e] charpentier, demeurant à Fontainebleau. Ordonnance du 18 nov. 1641.] Plus pour avoir par ledict Mortillon descendu et mis bas le vieil timbre de l'orloge, et avoir remonté le gros timbre neuf qui y est à présent, le tout avec engins, esquipages et eschaffaux en saillie hors de la lanterne, avec chables necessaires, mesmes pour le faire a convenu de monter et mettre bas sur le second plancher les deux cloches et icelles remontées [fol. 21 v°] et reposées en place que le timbre neuf a esté placé, comme aussy a convenu dessembler et rassembler la petite enrayeure de la lanterne du dosme, icelle rassemblée et retaillée quelques embranchemens qui estoyent rompus, déposé les aiz sur ladicte enrayeure pour porter le plomb en terrasse, et avoir fourny au plancher d'embas une sollive de treize piedz de long et de cinq et sept poulces de gros, avec trois aiz d'entrevoux chacun de unze piedz de long, deux poulces d'espois, et dix poulces de large, ensemble pour avoir restably, reposé et recloué les aiz des planches d'icelle tour qu'il a convenu rompre pour faire faire le passage desdictz timbres, ce que nous avons prisé et estimé pour bois, fasson, equipages de diverses qualitez, charriages et peine d'ouvriers, à la somme de cent livres tournois, pour cecy . . . . c l.

[Fol. 22 r°.] La charpenterie d'un grand chevallet derriere une cheminée pour le cadran de la Court de la Fontaine, garny de deux sablieres chacune de sept piedz de long, dans lesquelles sont assemblez avec tenons et mortoises dix potteaux chacun de sept piedz de long le fort au foible, une solle par bas et une par hault de chacun cinq piedz de long, six fermettes compris les noullets, contenant chacune ferme six pieds de bois, et cinq poulces de gros le fort au foible, un faux chevron et une traverse chacun de cinq piedz de long et de quatre poulces de gros, ce que nous avons prisé et estimé tant pour bois, façon, chariages et peines d'ouvriers, la somme de trente livres, cy. . . . . xxx l.

[Fol. 23 v°.] Plus pour avoir faict les eschaffaux pour poser les deux cadrans, et pour servir aux peintres et ouvriers qui ont travaillé à les estoffes, scavoir pour celluy de la Court de la Fontaine garny de trois eschaffaulx l'un sur l'aultre, et pour celluy de la Court du donjon de deux eschaffaulx aussy l'un sur l'aultre, ce que nous avons prisé et estimé pour equipages, fasson, chariages et peines d'ouvriers, la somme de trente livres, attendu que ledit Mortillon a repris les bois d'iceux eschaffaulx après que les ouvriers ont eu faict, cy. . . . . xxx l.

[*Couverture.*]

[Fol. 29 v°.] [René Girard, m^e^ couvreur de maisons à Fontainebleau. Ord. du 18 nov. 1641.] La couverture descouverte et recouverte à neuf comme dessus après coup, pour le restablissement de huict trous qui avoient esté faictz au pourtour dudict cadran pour passer [fol. 30 r°] les boulines et eschaffaux qui ont servy à l'orloger pour radjuster les mouvemens et aux peintres qui ont estoffé ledict cadran et pour mettre un œil de bœuf joignant icelluy, evalluez ensemble à . . . . IIII th.

[Fol. 30 r°.] La couverture descouverte et recouverte de neuf, lattée et contrelattée comme dessus sur la gallerie de François premier en la fassade de la Court de la Fontaine pour eriger un cadran audict lieu, contient neuf pieds de large sur quatre thoises de hault, vallent six thoises, cy. . . . . VI th.

Plomberie.

[Fol. 35 r°.] [Jean Girard, plombier à Fontainebleau. Ord. du 22 oct. 1641.] A Jean Girard, plombier, demeurant audict Fontainebleau, par ordonnance du vingt deuxiesme jour d'octobre mil six cens quarante ung, la somme de deux mil six cens vingt deux livres six sols six deniers t., pour son entier payement des ouvrages de plomberie par luy faictz et fournis pour le Roy durant la presente année mil six cens quarante un, pour les enfestemens du corps de logis au bout du donjon du chasteau dudict Fontainebleau, où loge Monseigneur, frere de Sa Majesté, et au pourtour des cadrans faictz de neuf audict lieu, que pour les scellemens des portes et ballustrade de fer de l'avant portail dudict donjon, et pour le vittrail du logement de Monsieur le Grand Escuyer, mesme pour les chesneaux du bout de la salle du théâtre et pavillon de la chaussée, et en plusieurs aultres endroictz dudict chasteau, le tout ainsy qu'ilz sont particulièrement declarez ès parties de ce faictes deuement veriffiées et arrestées par ledict sieur controlleur general le quatorziesme jour desdictz mois et an, et ce en consequence du marché faict audict Girard pour pareils ouvrages, en datte du quatriesme novembre mil six cens trente neuf, cy . . . . II^m^ VI^c^ XXII l. VI s. V d.

[Fol. 36 v°.] Ledict jour et an a esté livré deux noues (*sic*) de plomb, chacune de six piedz de long, et un pied de large, deux cœurs chacun de deux piedz et demy de long, et de vingt et un poulces de large, avec trente nocquetz chacun d'un pied et demy de long et six poulces de large, le tout pour servir à tirer les eaues des deux costez du chevallet du cadran faict de neuf sur le millieu de la gallerie de François premier en la fassade de la Court de la Fontaine, pesant ensemble quatre cens soixante et douze livres plomb, pour cecy. . . . . IIII^c LXXII l. plomb.

[Fol. 37 r°.] Le quatriesme jour de febvrier audict an, a esté fourny sept tables de plomb chacune de sept piedz de long et de vingt et un poulces de large, pour employer à l'enfestement du comble de la salle et corps de logis du bout du donjon où loge Monsieur, frère du Roy, joignant la chapelle, pesant ensemble douze cens soixante seize livres plomb, cy . . . . XII^c LXXVI l. plomb.

[Fol. 38 r°.] Le vingt troisiesme jour dudict mois de may, a esté livré douze ferilles de plomb, pour servir d'ornement par hault au bout des thuiaux de cuivre des dessentes de la gallerie de François premier, du costé de la terrasse, pesant ensemble vingt livres, cy XX l. pl.

[Fol. 40 r°.] Le troisiesme jour d'aoust audict an a esté livré un morceau de plomb de trois piedz et [fol. 40 v°] demy de long, et sept poulces de large par son mitan, pour servir à couvrir un muffle de lion qui est au dessus du cadran de la Court de la Fontaine, pesant quinze livres plomb, cy . . . . XV l. plomb.

[Fol. 41 r°.] Le dix huictiesme jour de septembre audict an, a esté livré quatre cens quarante huict livres de plomb, pour seeller les barres d'appuys, traverses, pattes et autres pieces de fer du vitral qui [fol. 41 v°] a esté faict pour la fourniture de la premiere arcade du grand pavillon de l'entrée du donjon, du costé de la chaussée, pour le logement de Monsieur le Grand Escuyer, pour cecy. IIII^c XLVIII l. pl.

[*Menuiserie.*]

[Fol. 49 v°.] [Jean Gobert, m^e menuisier, demeurant à Fontainebleau. Ord. du 18 nov. 1641.] Plus pour avoir restably deux portes, l'une servant à l'entrée du jardin de la Royne, et l'aultre pour aller dudict jardin dans les estuves, et fourny à chacune une emboitture neufve, pour ce ensemble . . . . IIII l.

[Fol. 50 r°.] Plus avoir faict un pan de lambris à l'une des chambres du pavillon des poesles où sont peints les travaux d'Herculles, contenant six piedz et demy de long sur trois pieds de large, comme aussy avoir faict quatre cimaizes de quatre aultres pans de lambris au dessoubs des croisées, avoir fourny deux aiz joinctz ensemble de sept piedz dix poulces de long, et dix huict poulces de large, pour restaurer le plancher au bas de l'une desdictes croisées, rellevé un pan dudict plancher pour y mettre des boutz de lambourdes, et encore rellevé les lambris au pourtour des deux chambres, et iceux remis en place et rajustez, pour ce ensemble pour bois neuf, peines et journées d'ouvriers, la somme de soixante livres, cy . . . . LX l.

[Fol. 53 r°.] Plus pour avoir restably à neuf le lambris au pourtour de la chambre de Monsieur le Grand Escuyer, contenant dix sept thoises quatre piedz de pourtour et sept piedz et demy de hault, sur deux à trois poulces et demy d'espoisseur, avoir faict de neuf deux thoises et demye dudict lambris, y compris les portes, et en avoir relevé trois thoises et demye pour le changer de place et remettre en bon [fol. 53 v°] ordre, faict de neuf six thoises de corniches et fourny de clous et tasseaux, avoir apposé de neuf six vingtz huict petites moullures au compartiment dudict lambris, avec vingt huict chapiteaux d'ordre composez, chacun ayant sept poulces de hault, comme aussy pour avoir restably le plat fondz et avoir faict de neuf six thoises quatre piedz de frize contre les corniches de la poultre, ensemble une autre bande de treize pieds de longueur et quatre poulces de large, pour la frize du vitral en dedans œuvre, pour ce, le tout, la somme de quatre cens livres, cy . . . . IIIc l.

[Fol. 56 r°.] Plus pour avoir faict la fermeture du bas d'une cheminée à l'une des chambres haultes du logis de la Fontaine, où loge la dame de Freminet, garnie d'un chassis dormant de cinq pieds de long et quatre pieds de haut, fermant à deux venteaux assemblés à compartimens, pour cecy . . . . xx l.

Serrurerie.

[Fol. 62 v°.] [Simon Benoist, me serrurier à Fontainebleau. Ord. du 18 nov. 1641.] Le vingt cinquiesme dudict mois [d'aoust] et an, a esté livré une barre de fer plat de six piedz et demy de long, compris ses retours, pour servir à soustenir le canon de plomb faict de neuf au bout du chesneau qui tire les eaues de dessus la petite terrasse d'entre le grand pavillon de la chaussée et la salle du theatre, près le logement de Monsieur le Grand Escuyer, pesant soixante seize livres, cy. . . . . LXXVI l. fer.

[Fol. 65 r°.] Plus, pour avoir fourny quarante deux petites pattes pour tenir les lambris de la chambre du pavillon des poesles, où sont despeintes les forces d'Herculles, à raison de deux solz la piece, cy . . . . IIII l. IIII s.

[Fol. 69 v°.] Plus, pour avoir fourny seize verges de vittres pour les croisées de la chambre du second estage du pavillon des armes, tant sur le jardin que sur le jeu de paulme, cy . . . . . . LXIIII s.

[Fol. 71 r°.] Plus, avoir faict la ferrure d'une porte neufve au passage derriere ladicte chambre des peintures, du costé de la librairye, garnye de deux fiches, deux gonds, ferrure à tour et demy, gasche, escusson, clouds à viz et verrouils, pour ce cy . . . . . VIII l.

[Fol. 74 r°.] Plus avoir fourny sept douzaines de dents de loups de fer pour tenir les potteaux et coulombages des cloisons faictes de neuf, dans les galletas du donjon et librairie, pour enfermer les monstres, machines et verges des cadrans, comme aussy faict trois gros boullons de fer pour tenir les sablieres contre la charpente du comble, pour ce ensemble cy . . . . vii l. x s.

[Fol. 78 r°.] Plus, pour avoir faict ung locquet neuf fermant à clef au guichet de la porte cochere de l'entrée du Grand Ferrare garny de deux clefs, faict une clef neufve à la serrure du fleau et ung moraillon, ung gros crampon pour attacher ledict fleau et ung crampon au vrouil (*sic*) d'embas, pour ce ensemble cy. . . . . vi l.

[Fol. 80 r°.] Plus, pour avoir faict deux grosses boucles de fer avec leurs lassetz en plastre dans l'un des appentiz, pour attacher le boucquin et le cheure de suisse, pour ce cy . . . . xxx s.

[Fol. 81 r°.] A Estienne Pompet, aultre serrurier, demeurant audict Fontainebleau, par ordonnance du dix huictiesme novembre mil six cens quarante et ung, la somme de neuf cens sept livres quatre solz pour son reste et parfaict payement de douze cens sept livres quatorze solz, à quoy se sont trouvez monter et revenir les ouvrages de serrurerie et gros fer au poids par luy faicts, fournis et livrez de neuf pour le Roy, tant à la ferrure de deux grandes portes à deux venteaux, l'une entrant sur le jubé de la grande chapelle, au chasteau dudict Fontainebleau, et l'aultre pour entrer du vestibulle dudict jubé dans la gallerie de François premier, que pour la construction d'un grand chassis, garny de montans, traverses, consolles, rosettes et aultres ornemens, pour servir de vittral à fermer la premiere arcade de l'entrée du donjon où loge Monsieur le Grand Escuyer. Le tout ainsy qu'ilz sont particulierement declarez es parties de ce faictes deuement veriffiées et arrestées par ledict sieur controlleur general le douziesme jour des presens mois et an, et ce oultre et par dessus trois cens livres qu'il a receues l'année derniere sur lesdictz ouvrages, cy . . . . ixc vii l. iiii s.

Ouvrages de serrurerie de la porte du jubé de la grande chapelle dudict chasteau.

[Fol. 85 r°.] [Estienne Pompet, serrurier.] A esté faict quatre grandes fiches couldées à double nœud, chacune de quinze poulces de long, scavoir huict poulces scellées dedans le mur, trois poulces de coudes au dehors et quatre poulces qui entrent dans la porte, chacune fiche ayant quinze poulces de longueur et quinze lignes de diamettre à l'endroit du nœud, la broche embelly d'un vaze à chacun bout, et icelles fiches garnyes pour [fol. 85 v°] chacune de six clouds à teste ronde et trois rozettes, plus huict esquaires d'un pied et demy de long chacun et seize lignes de large, embellis à chacun bout d'une fleur de lys et garnis chacun de douze clouds à teste ronde, plus deux verrouils, chacun de cinq piedz quatre poulces de long, garnis d'un pignon, huict estriers et deux platines cachez dans l'espoisseur du bois de la porte avec six viz en bout pour attacher la couverture des susdicts verrouils, pour l'ouverture desquelles a esté faict un moraillon à charniere cachée, ayant sept poulces de long, embelly d'une consolle avec feuillasme de relief, et une rozette burinée et garny d'un canon et fausse platine; plus, pour la fermeture dudict moraillon, a esté faict une serrure pollye et embellye d'ung couronnement où sont [fol. 86 r°] burinez deux dauphins avec quelques fleurons et les viz pour l'attacher, plus une serrure à tour et demy, pollye et burinée, et une partye de relief garnie de clef, viz, entrée, et une gache burinée, plus ung gros boutton à ballustre embelly d'une rosasse de feuilles d'aquante de relief avec une rosette burinée soubz le boutton, retenue au travers la porte avec une escrous, lequel bouton est pour tirer la porte, ensemble faict deux boulons garnis de leurs clavettes, pour tenir les cherubins de bossage, pour ce, de pris verballement faict avec ledict Pompet, la somme de six vingt livres, cy . VI^{xx} l.

[Fol. 86 r°.] Et pour la ferrure de la porte, pour entrer [fol. 86 v°] du vestibulle dudict jubé dans la gallerie de François premier :

A esté faict quatre gros gonds, chacun de quinze poulces de long et ung poulce et demy de gros en carré, avec quatre grosses fiches à gond encastrées dedans le bois, retenues avec chacune trois gros clouds à teste ronde et trois rosettes, huict esquaires encastrez aux huict coings des deux venteaux de la porte, embellis d'une fleur de lys à chacun bout, retenus et attachez avec chacun douze clouds à teste limez et arrondis, deux grands verrouilz, chacun de cinq pieds et demy de long, encastrez dedans le battant de l'un des venteaux pour le fermer, l'un desdictes verrouils [fol. 87 r°] montant, et l'autre dessendant par le moien d'un pignon, iceux retenus avec huict estriers pour empescher qu'ils ne touchent au bout, et huict viz en bois pour tenir une traingle qui recouvre iceux verrouillez avec deux gaches au bout, plus une ferrure avec couronnement, gravée, pollye et burinée, garnye de clefz avec pied de biche et gravée sur l'anneau ; le moraillon faict en consolle, embelly de feuilles de relief tout du long, avec une teste d'aigle par hault garnye de lasset, rosette et escrous, plus ung gros boutton, faict en forme d'oignon, pour tirer la porte, garny de rosette et escrous, embelly de feuilles de relief, et pour la ferrure du venteau, qui s'ouvrira d'ordinaire, a esté faict une serrure à tour et demy garnye sur le passe partout dudict chasteau [fol. 87 v°], icelle pollye et burinée, avec le boutton et coulisse de relief, le tout se desmontant à viz, pour ce, de pris verballement faict comme dessus avec ledict Pompet, semblable somme de six vingt livres, cy . . VI^{xx} l.

[Fol. 89 v°.] A Estienne Doyart, m^{e} serrurier à Paris, par ordonnance du vingt sixiesme jour de mars mil six cens quarante et ung, sur estantmoings des ouvrages de serrurerie et gros fer au poids qu'il a faictz et continue faire pour le Roy à la construction des portes et ballustrades de fer, garnyes de barreaux, montans, traverses, frises, arquitraves, fleurons, liens et autres ornemens, pour l'avant-portail de l'entrée du donjon du chasteau dudict Fontainebleau, du costé de la Court des offices, et ce oultre et pardessus deux mil livres qu'il a receus l'année derniere sur lesdictz ouvrages, la somme de six cens livres, cy. . . . . VI^c l.

Vitrerie. — Au vitral du logement de Monsieur Le Grand.

[Fol. 92 v°.] [Claude Tissarant, vitrier à Fontainebleau. Ord. du 18 nov. 1641.] Pour avoir faict cinquante et ung panneaux de verre neuf de plusieurs mesures, tant ceintrez que aultrement et le long des colonnes, pour la garniture du vitral faict allentour de la premiere arcadde du pavillon de l'entrée du donjon, regardant sur la chaussée, pour ledict logement, contiennent ensemble quinze pieds quatre poulces de hault sur treize piedz de large, revenant à la quantité de cent quatre vingtz dix neuf pieds un tiers qui, à raison de douze solz le pied, de prix verballement faict avec ledict Tissarant, eu esgard à la subjection et difficulté dudict ouvrage, reviennent ensemble, audict prix, à la somme de cent dix neuf livres douze solz, cy . . . . CXIX l. XII s.

Peinture.

[Fol. 99 r°.] A Louis Coubichon, m^e peintre grisailleur, demeurant de present à Fontainebleau, par ordonnance du vingt uniesme novembre mil six cens quarante ung, la somme de trois mil deux cens cinquante six livres huict solz, pour son remboursement de semblable somme par luy payée et advancée pour le Roy tant à plusieurs peintres, brayeurs et aultres personnes qui ont travaillé à la continuation et parachevement des ouvrages de peintures grisailles de la voulte en lambris de l'église que Sa Majesté a faict bastir dans le bourg dudict Fontainebleau, pour [fol. 99 v°] la décoration d'icelle, que pour les achaptz de coulleurs et estoffes, huille de noix et aultres fraiz necessaires, durant le temps, pour les prix et ainsy qu'ilz sont declarez par le menu au roole de ce faict, se consistant en quarante six sepmaines consecutives, la premiere commençant le lundy, dernier jour de l'an mil six cens quarante, et la quarante sixiesme et derniere finissant le samedy, seiziesme jour de novembre dudict mois et an, le tout deuement veriffié et arresté par ledict sieur controlleur general, comme appert par sa certification expediée en fin dudict roole le dix huictiesme d'icelluy mois et an, cy . . . . . . III^m II^c LVI l. VIII s.

Peintres.

[Fol. 100 r°.] Louis Coubichon, conducteur et travaillant douze journées, à raison de soixante solz par jour, de prix verballement faict, vallent cy . . . . XXXVI l.

Peintres.

[Fol. 101 r°.] Louis Coubichon, douze journées audict prix de soixante solz par jour . . . . xxxvi l.

Claude Clement, douze journées audict prix de trente sols . . . . xviii l.

Michel Gayen, douze journées audict prix. . . . . . . xviii l.

David Brouzé, douze journées audict prix. . . . . . . xviii l.

Jean Barré, douze journées audict prix de trente sols. . . xviii l.

[Fol. 118 v°.] A Nicolas Saincton, peintre, demeurant audict Fontainebleau, par ordonnance du dix septiesme [fol. 119 r°] jour de septembre mil six cens quarante et ung, la somme de quatre vingtz treize livres trois solz pour son remboursement de semblable somme par luy payée et advancée pour le Roy, tant pour les journées d'aulcuns peintres, doreurs et aultres personnes qui ont vacqué et travaillé à peindre, dorer et estoffer tous les reliefz, cherubins, dauphins et autres ornemens de la grande porte ouvrant à deux venteaux, pour l'entrée du jubé de la grande chapelle dudict chasteau, en la fassade d'icelle chapelle, que pour les achaptz de l'or fin, huille, coulleurs et aultres choses necessaires particullierement declarez au roole de ce faict, commençant le deuxiesme jour de septembre, presente année, et finissant le treiziesme dudict mois, deuement verifflé [fol. 119 v°] et arresté par ledict sieur controlleur general le quinziesme jour d'iceluy mois et an, cy. . . . . IIII^xx XIII l. III s.

[Fol. 120 r°.] Pour quatorze cens et demy d'or fin en feuilles qui ont esté employez aux ornemens de ladicte porte, à raison de trente cinq livres le millier, compris le port, la somme de cinquante livres quinze solz, cy . . . . L l. XV s.

Pour huict livres de blanc de plomb, à raison de cinq solz la livre, sans brayer, la somme de quarante solz, cy. . . . . . . XL s.

[Fol. 120 v°.] Audict Saincton, cy devant nommé, par ordonnance du vingt et deuxiesme novembre mil six cens quarante et ung, la somme de trois cens quarante huict livres quinze solz, pour son remboursement de semblable somme par luy payée et advancée pour aulcuns peintres, doreurs et aultres personnes qui ont vacqué et travaillé à peindre, dorer et estoffer tant le vitral faict de neuf au devant de la premiere arcade du grand pavillon de l'entrée du donjon du chasteau dudict Fontainebleau, où loge Monsieur le Grand Escuyer, que à peindre et imprimer les lambris, portes et croisées dudict logement, avec l'achapt de l'or, coulleurs, estoffes, huille et aultres choses necessaires, particullierement declarez au roole de ce faict, commençant ce neufviesme jour de septembre dudict an, et finissant le seiziesme novembre en suivant, le tout deuement vériffié et arresté par ledict sieur controlleur general, suivant sa certification en fin dudict roole, en datte du vingtiesme d'icelluy mois de novembre, cy . . . . IIIc XLVIII l. XV s.

[Fol. 125 v°.] A Nicolas Jourdan, aultre peintre, demeurant audict Fontainebleau, par ordonnance du douziesme juillet mil six cens quarante ung, la somme de six cens quatre vingtz quatre livres un sol, pour son remboursement de semblable somme par luy payée et advancée pour les journées des ouvriers, peintres, doreurs, brayeurs et aultres personnes qui ont travaillé à la continuation et parachevement de la peinture, doreure et estoffement des portes et ballustrade de fer de l'avant portail du donjon du chasteau dudict Fontainebleau, du costé de la Court d'offices, ensemble pour les achaptz de l'or fin, coulleurs et aultres choses necessaires pour ledict travail, oultre ce qui [fol. 126 r°] avoit esté cy devant achepté à cest effect par ledict Jourdan, le tout ainsy qu'il est particulierement declaré au roole de ladicte despence, ce concistant en huict semaines consecutives, la premiere commençant le lundy sixiesme jour de may audict an, et la derniere finissant le vingt et uniesme jour de juin ensuivant, deuement veriffié et arresté par ledict sieur controlleur general par sa certification en fin dudict roolle, en datte du quatriesme jour du susdict mois de juillet, cy ladicte somme de six cens quatre vingtz quatre livres un sol . . . . VIc IIIIxx IIII l. I s.

Sculpture.

[Fol. 142 r°.] A Gilles Guérin, sculpteur, par ordonnance du quinziesme juillet mil six cens quarante ung, la somme de cent cinquante livres, pour son reste et parfaict paiement de deux mil livres, à quoy ont esté prisez et estimez les ouvrages de sculpture en pierre de Sainct Leu et grez, par luy faictz durant l'année derniere pour les ornemens, figures, bustes, muffles de lyon, festons et aultres enrichissemens d'architecture, tant de la monstre de l'orloge du chasteau dudict Fontainebleau que de l'avant-portail du donjon dudict lieu, particulierement declarez en l'acte de visitation, prisée et reception faicte desdictz ouvrages en la presence dudict sieur controlleur general, par Jacques Sarrazin, sculpteur ordinaire du Roy, le neufiesme jour desdictz mois et an, et ce oultre et par dessus dix huict cens cinquante livres receues par ledict Guerin sur iceux ouvrages en la dicte année derniere, cy . . . . CL l.

Lequel acte de reception contient par le menu ce qui ensuit.

Pour la monstre du cadran de l'orloge dudict chasteau, regardant sur la grande court, où estoit le Cheval Blanc, a esté faict et insculpé par ledict Guérin ung plainthe pour servir de basse à ladicte monstre, contenant [fol. 143 r°] quatorze pieds quatre poulces de long et ung pied de large, à chacun bout duquel est posé ung fronton ou enroulement, chacun de quatre pieds huict poulces de long sur trois pieds de hault, desquelz enroullemens sort une guirlande de feuilles de chesne ayant six à sept pieds de longueur, envelopée et liée aux deux extrémités d'un ruban servant d'attache.

Au millieu et entre les susdictz enroullemens, a esté taillé et insculpé une bordure en forme ronde, contenant six pieds deux poulces et demy de diamettre, dans le fond de laquelle sont descriptes les divisions des heures, aux costez et sur le hault de [fol. 143 v°] chacun fronton est assis un enfant plus hault que le naturel, chacun de cinq pieds et demy de hault, portans sur leurs espaulles d'aultres guirlandes de feuilles de chesne, sortant du hault de ladicte bordure en dessendant par envelopement jusques au bas des dicts enfans, et sur le hault d'icelle bordure, sont insculpez les chiffres du Roy en caracteres grés (*sic*), accompagnez d'une couronne et des palmes, duquel chiffre sortent deux boutz de rideau, chacun de quatre pieds et demy de long, retroussez et liez aux deux extremitez de l'angle avec rubans et liasses, et les deux bouts pendans en bas, qui donnent forme carrée à l'ouvrage, le tout couppé, foullé, [fol. 144 r°] eslabouré et insculpé dedans les bossages de pierre de Sainct Leu, qui avoient esté cy devant erigez à cest effect audict lieu.

Plus, pour les ornemens des deux grands termes de l'avant portail du donjon, du costé de la Court d'offices dudict chasteau, j'ay trouvé avoir esté faict par icelluy Guérin deux bustes de pierre de gresserie, chacun de trois pieds dix poulces de hault, à prendre depuis la cimaize superieure du corps du terme jusques au dessus du sommet de la teste, representans deux testes de Mercure s'inclinant de costé comme pour se regarder l'un l'aultre [fol. 144 v°], chacune ornée d'ung chapeau avec des aisles attachées à costé, et au bas enveloppez d'une escharpe de drapperie pendante au dessoubs de ladicte cimaise superieure de quinze poulces.

A costé du corps de chacun terme sont eslevez deux pillastres doricque, ou entre la cimaize superieure et le gorgerin ou astragalle de chacun pillastre, a esté eslevé une frize de quatre poulces de hault sur deux pieds de large, enfoncée de quatre poulces, où sont insculpées des feuilles recourbées par le hault, appellez par aulcuns feuilles d'eaue, au millieu du corps de chacun terme sont insculpées deux testes de lyon [fol. 145 r°], l'une sur la partie de devant et l'aultre sur la partie de derrière, chacune teste contenant ung pied sept poulces de hault sur ung pied quatre poulces de large, et de six à sept poulces de relief.

[Fol. 145 r°.] Et après avoir exactement consideré les vaccations, temps, industrie, labeur et travail employez par ledict Guerin à faire lesdictz ouvrages, tant dedans la pierre de gres, pour la construction des deux bustes, muffles de lyon et aultres ornemens dudict avant portail que dans la pierre de Sainct Leu, pour les figures, ornemens et architectures de la monstre du cadran cy devant declarez, ensemble à faire les desseings et modelles en grand pour l'execution d'iceux ouvrages, le tout curieusement ordonné, [fol. 145 r°] eslabouré et recherché selon l'excellence de l'art, j'ay prisez et estimez valloir bien et loyaument, en ma conscience, le prix et somme de deux mil livres tournois pour la totalité d'iceux ouvrages, cy . . . . . . II^m l.

Sans comprendre audict travail la despence des ouvriers, tailleurs de pierre et aultres personnes qui ont travaillé soubs la conduitte dudict Guérin, tant à esbaucher les pierres de bossage du cadran que à desgrossir à la carrière du Montchauvet, dans la forest dudict Fontainebleau, les deux grands blots de pierre de gresserie, desquelz ont esté par luy faictz les bustes posez sur les pillastres dudict avant portail, dont auroit esté faict despence particuliere, pour le remboursement d'icelluy Guérin, suivant le commandement de mondict seigneur de Noyers, ainsy qu'il m'a esté verballement certiffié par ledict sieur controlleur general.

Fonderie.

[Fol. 146 v°.] A Jean Mathieu, m^e fondeur à Paris, par ordonnance du unziesme jour de may mil six cens quarante ung, la somme de douze cens cinquante huict livres quinze sols, pour son reste et parfaict payement de deux mil cent cinquante huict livres quinze sols, scavoir deux mil quatre vingtz dix huict livres quinze solz, à quoy se sont trouvez monter quatre thuiaux de cuivre rouge, chacun de neuf pieds de hault et quatre poulces de diamettre, par luy faictz exprès, fournis, livrez et posez en [fol. 147 r°] place, servant à recevoir les eaues de partie des chesneaux faictz de neuf pour les esgoutz de la gallerie de François premier, en la fassade et terrasse de la Court de la Fontaine dudict chasteau, iceulx thuyaux ornez par hault de moullures et quartz de ronds, et d'un grand dauphin par bas, ayant trois pieds et demy de hault, et le reste du montant semé de fleurs de lys simples avec L couronnées de couronnes imperialles, le tout bien jetté, nettoyé et reparé, conformement aux modelles et en consequence du marché pour ce faict et arresté par ledict seigneur de Noyers avec ledict Mathieu, passé par devant Le Tellier [fol. 147 v°], notaire royal audict Fontainebleau, en datte du quatriesme jour de novembre mil six cens trente neuf, pesans lesdictz quatre thuyaux ensemble seize cens soixante dix neuf livres, qui est à raison de vingt cinq solz pour livre, suivant ledict marché, et soixante livres pour les fraiz extraordinaires faictz par icelluy Mathieu au par dessus dudict marché, pour les ports, voittures et conduittes des modelles desdictz dauphins et montans, mesme de l'un d'iceux montans et dauphins estans audict Fontainebleau, portez par eux diverses fois audict Paris pour estre veuz par ledict seigneur de Noyers et en après reportez audict [fol. 148 r°] Fontainebleau. Le tout ainsy qu'il est particulierement declaré en la certification dudict sieur controlleur general, pour ce expediée le vingt quatriesme jour d'avril audict an, et ce oultre et par dessus neuf cens livres par ledict Mathieu receus l'année derniere sur lesdictz ouvrages, cy . . . . xII^c LVIII l. xv s.

Orlogerie.

[Fol. 148 v°.] A Jean Legangneur, m^e orloger à Paris, par ordonnance du vingt sixiesme jour d'avril mil six cens quarante et ung, la somme de neuf cens deux livres quatorze solz, pour son payement d'avoir fourny et livré une grosse cloche qu'il a faicte pour servir de timbre à l'orloge du chasteau de Fontainebleau, pesant douze cens vingt quatre livres, qui est à raison de quatorze solz neuf deniers pour livre, de prix faict verballement avec ledict Le Gangneur, ainsy qu'il est particulierement declaré en la certification dudict sieur controlleur general pour ce expediée le vingt quatriesme jour desdictz mois et an, cy. . . . . IX^c II l. XIIII s.

Audict Le Gangneur, par ordonnance du vingtiesme jour de juillet mil six cens quarante et ung, sur estantmoins des ouvrages d'orlogeries, mouvemens, machines et ornemens qu'il a faictz et continue faire [fol. 149 v°] pour le Roy à la construction d'un grand orloge et trois cadrans, au chasteau de Fontainebleau, et ce oultre et par dessus seize cens soixante livres qu'il a receuz l'année derniere sur lesdictz ouvrages, la somme de cinq cens livres, cy . . . . . V^c l.

Parties extraordinaires.

[Fol. 184 v°.] A Jacques Dorchemer, sieur de la Tour, demeurant à Fontainebleau, par ordonnance du septiesme decembre mil six cens quarante ung, la somme de cent huict livres pour son payement d'avoir faict la nourriture et entretenement des animaux cy après declarez, scavoir quatre canes musquées, trois canes communes et douze douzaines de lappins privez, tant blancs, noirs que gris, que Sa Majesté a commandez estre nourris et conservez dedans les fossez du logis de la conciergerie dudict chasteau, et ce durant neuf mois entiers de la presente année mil [fol. 185 r°] six cens quarante ung, commencez le premier jour de mars et finis le dernier jour de novembre, qui est à raison de douze livres par mois, de marché verballement faict avec ledict de la Tour, suivant la certiffication dudict sieur controlleur general pour ce expediée le quatriesme jour desdictz mois et an, cy . . . . CVIII l.

[Fol. 195 v°.] A Robert Jamin, demeurant à Fontainebleau, par ordonnance du premier jour de febvrier mil six cens quarante deux, la somme de trois cens livres, pour son payement d'avoir journellement fourny et livré du pain pour la nourriture des carpes que le

Roy a faict mettre dans l'estang dudict chasteau, durant l'année entiere mil six cens quarante ung, suivant la certification dudict sieur controlleur general pour ce expediée le vingt deuxiesme janvier audict an, cy après . . . . IIIc l.

[Fol. 199 r°.] A mondict seigneur de Noyers, capitaine, surintendant et ordonnateur des bastimens dudict chasteau, pour ses estatz et appoinctemens des charges, durant ladicte presente année mil six cens quarante et ung, suyvant l'estat du Roy cy devant datté, la somme de six mil livres, cy . . . . VIm l.

Audict seigneur, pour ses estatz et appoinctemens, à cause de sa charge de capitaine et concierge dudict chasteau, suivant le susdict estat, la somme de seize cens livres, cy. . . . . XVIc l.

[Fol. 178 r°.] Au sieur de la Vergne, pour ledict quatriesme quartier, cy . . . . IIIc l.

[Fol. 200 r°.] *Abregé de la despence contenue au present estat pour l'année 1641.*

Maçonnerie et achapt de pierre	2,998 l.	4 s.	» d.
Charpenterie	745 l.	» s.	» d.
Couverture	1,134 l.	5 s.	» d.
Plomberie	2,622 l.	6 s.	6 d.
Menuiserie	1,983 l.	10 s.	» d.
Serrurerie	3,166 l.	7 s.	6 d.
Vittrerie	599 l.	2 s.	6 d.
Peintures et doreures	4,731 l.	8 s.	» d.
Sculptures.	150 l.	» s.	» d.
Fonderie.	1,258 l.	15 s.	» d.
Orlogerie	1,402 l.	14 s.	» d.
Pavé	540 l.	10 s.	10 d.
Jardiniers, espalliers, manouvriers. . . .	293 l.	18 s.	» d.
Partyes extraordinaires.	2,831 l.	10 s.	6 d.
Entretenements ordinaires	1,642 l.	10 s.	» d.
Gages d'officiers	17,301 l.	18 s.	9 d.
Appoinctemens de monseigneur de Noyers.	7,600 l.	» s.	» d.
Somme totalle.	51,002 l.	» s.	7 d.

La depence contenue au present registre faicte par ordre du Roy pour les bastimens, reparations, gages et entretenemens de son chasteau de Fontainebleau durant l'année mil six cens quarante un, a esté par moy, conseiller de Sa Maiesté, controlleur general de ses bastimens, veue, veriffiée, controllée et arrestée en chacun des chappitres desdictes despences, faict le... mil six cens quarante deux...

Année 1642.

[*Taille de pierre.*]

[Fol. 33 v°-34 r°.] A Denis Lepage, demeurant à Fontainebleau, par ordonnance du 23e octobre 1642, la somme de 186 l. pour son remboursement de semblable somme par luy payée et advancée pour les ouvriers carriers et tailleurs de pierre qui ont travaillé, scavoir lesdicts carriers à fendre à la carriere de Montchauvet, dans la forest dudict Fontainebleau, une grande pierre de gresserie de quinze pieds de long et de deux pieds de grosseur en carré, propre et destinée à faire une collonne qui portera son pied d'estail, baze et chappiteau tout d'une piece, pour servir à l'oratoire que Sa Majesté a commandé estre faict audict chasteau, près son cabinet, et lesdicts tailleurs de pierre à degrossir et alleger à ladicte carriere la susdicte pierre, affin de la rendre plus commode à charrier quand l'on voudra, ainsy qu'il est particulierement declaré au roole de ce faict, consistant en huict sepmaines consecutives, la premiere commençant le lundy 25e aoust presente année, et la derniere finissant le sabmedy 18e octobre ensuivant, ledict roole deuement veriffié et arresté par ledict sieur controlleur general, le 20e dudict mois d'octobre, cy. . . . . cIIIIxx vI l.

[Fol. 37.] A Mathurin Testu, sculpteur, tailleur de pierre, demeurant audict Fontainebleau, par ordonnance du 4e novembre 1642, la somme de 414 livres pour son remboursement de pareille somme par luy payée et advancée pour les journées de plusieurs ouvriers carriers, tailleurs de pierre et autres personnes qui ont vacqué et travaillé, scavoir lesdicts carriers à fendre, au rocher du Mont Chauvet, dans la forest dudict Fontainebleau, deux grandes pierres de gresserie, dont il y en a aucune de quatorze pieds de long et de deux pieds de grosseur en carré, et autres eschantillons convenables pour servir à la construction d'un passage en terrasse que Sa Majesté veut et entend estre faict en sondict chasteau, pour la communicquation du grand jardin dans le parcq; et les dits tailleurs de pierre à commencer à esbaucher et alleger, à la dicte carriere, lesdictes pierres pour estre plus maniables et commodes à charrier quand on voudra, cy . . . . IIIIc XIIII l.

[*Maçonnerie.*]

[Fol. 42 r°.] Au dict [Jean] Tartaise, [me masson, demeurant à Fontainebleau], par ordonnance du 3e janvier 1643, la somme de 1,525 l. sur lesdicts ouvrages de massonnerie du petit pavillon, au coing du grand jardin du chasteau de Fontainebleau, et ce outre la somme de 450 l. qu'il a cy devant receus sur iceux, cy . . . . . . vc XXV l.

[*Charpente.*]

[Fol. 51-52.] [Pierre Mortillon, m^e charpentier, demeurant à Fontainebleau.] Plus, la charpenterie de deux petits chevallets, faicts de neuf, au comble de la petite gallerie, le long de la grande chappelle dudict chasteau, près la montée du pavillon des armes, à costé de l'une des lucarnes sur le jardin, garnis chacun d'un potteau de deux pieds et demy de long, ung chevron de cinq pieds et un coyau de quatre pieds, prisés et estimés ensemble 60 solz . . . . . LX s.

[Fol. 53.] Plus, la charpenterie de l'apentil et chevallet, au derriere du fronton faict de neuf sur la grande porte de l'entrée de la chancellerie, ce que nous avons prisé la somme de . . . . . . XXII l.

[Fol. 55.] Plus, la charpenterie faicte sous les deux grilz construictz dedans l'estang du dict chasteau, pour faire un reservoir à enfermer le poisson aux environs de la fontaine de Persée, cy . II^c XXXIIII l.

[*Couverture.*]

[Fol. 61-62.] Audict [René] Girard, [maistre couvreur de maisons, demeurant à Fontainebleau], par ordonnance du 25e octobre 1642, la somme de 968 livres pour son payement des ouvrages de couverture d'ardoise par luy faicts extraordinairement, comme dessus, tant sur la salle du theatre, pavillon des poesles et des armes, jeu de paulme, grande volliere, gallerie de François premier, grande chappelle, gallerie d'Ulisse, pavillon de la court où estoit le Cheval Blanc et les offices et autres endroicts dudict chasteau, à cause des ruynes survenues ausdictz lieux, par tempeste et impetuosité des vents, qu'il a faict les cinq et sixiesme jours de juillet de la presente année, ausquels ouvrages auroit convenu travailler en toute diligence pour la conservation des peinctures, sculptures et autres raretez d'icelluy chasteau, cy . . . . IX^c LXVIII l.

[Fol. 66 v°.] La couverture, relattée à neuf et retablie comme dessus, pour la refection de deux grands trous sur le pavillon des poesles, scavoir l'un du costé de l'estang et l'aultre du costé du corps de logis, vallent ensemble. . . . . I th. demye X p. d.

[Fol. 67 r°.] La couverture, refaicte comme dessus, pour le bouchement de quatre trous faicts par lesdicts vents sur le corps de logis et pavillon, sur la terrasse tirant au grand escallier, scavoir trois sur ledict logis et un sur ledict pavillon, vallent ensemble. . . . . III th. demye X p.

[Fol. 67 r°.] La couverture refaicte pour le bouchement de deux trous sur le pavillon des painctures, cy. . . . . . . I th. XIIII p.

[Fol. 67 v°.] La couverture relattée et contrelattée à neuf et recouverte pour le bouchement de quatre grands trous sur la chapelle dudict chasteau, entre ledict pavillon des peintures et celui des armes, vallent ensemble. . . . . III th. demye IX p.

[Fol. 68 r°.] La couverture refaicte, lattée et contrelattée comme dessus, pour le bouchement d'un autre grand trou sur ladicte chappelle entre ceux cy dessus, proche ledict pavillon des peintures, vallant . . . . v th.

La couverture, refaicte comme dessus, pour le bouchement de quatre grands trous sur le pavillon des armes, vallent ensemble . . . . II th. XIII p.

[Fol. 68 v°.] La couverture, restablie comme dessus, pour le bouchement de cinq trous sur le jeu de paulme, tant du costé du fossé que du costé de la gallerie des Chevreuils, vallent ensemble . . . . IIII th. VIII p.

[Fol. 69 r°.] La couverture, refaicte comme dict est, pour le bouchement de quatre trous, tant sur le corps de logis que pavillon au derriere du dict jeu de paulme, vallent. . . . . . II th. I p. d.

[*Plomberie.*]

[Fol. 87 v°-88 r°.] [Jean Girard, plombier, demeurant à Fontainebleau.] Le 6e jour d'octobre audit an [1642], a esté livré deux bouts de table de plomb, chacune de six pieds et demy de long et de vingt-deux poulces de large, avec deux autres bouts de plomb, chacun de deux pieds de long et de la dicte largeur, plus deux allaises, chacune de trois pieds de long et de sept poulces de large, et deux nocquetz, chacun d'ung pied de long et de six poulces de large, le tout pour servir, scavoir lesdicts bouts et tables et allaises à couvrir le fronton de la lucarne double, au dessus de la chambre des Empereurs, sur le jardin de la Royne, et les deux nocquets pour tirer les eaux de derriere les deux chappiteaux de la dicte lucarne, pesant ensemble trois cens soixante dix neuf livres, cy . . . . IIIc LXXIX l. plomb.

Menuiserie.

[Fol. 90 r°.] [Jean Gobert, me menuisier à Paris. Ordonnance du 14 novembre 1642.] Plus, pour avoir faict la construction d'un autel dans la petite souspente, entre la chambre du Roy et celle des Empereurs, où le Roy veult faire un oratoire, ledict autel contenant cinq pieds de long sur dix huict poulces de proffondeur, ensemble faict ung petit lambris à costé et un fond au dessus, avecq une bordure pour poser le tableau, comme aussi refaict les chassis à verre de la croisée et posé au bas des fonds de bois pour empescher la rupture des vitres, mesmes faict ung montant et ung apuis au degré et restably iceluy affin d'en faciliter le passage et le rendre libre, le tout faict et assemblé proprement, tant de bois de chesne que de sapin, pour ce ensemble . . . . IIIIxx l.

Plus, pour avoir fourny plusieurs petites tablettes et une petite porte de bois de noyer, pour l'accommodement du fourneau que le Roy a faict construire dans la cheminée de sa chambre pour faire sécher des confitures et pour plusieurs vaccations à diverses fois pour changer ledict fourneau, sellon l'instruction de Sa Majesté . vi l.

[Fol. 97.] (Ordonnance du 13 novembre 1642.) Plus, pour avoir faict une porte forte de bois de chesne, au passage de la librairie, pour aller à la chambre en galletas du pavillon des painctures, contenant six pieds de hault sur trois pieds de large, cy . . . . x l.

[Fol. 98.] (Ordonnance du 13 novembre 1642.) Plus, pour avoir faict deux petites armoires de bois chesne à l'office de la Conciergerie, pour faire sécher des confitures pour le Roy, contenant deux pieds quatre poulces de hault sur deux pieds deux poulces de large et dix poulces de proffondeur, garnie chacune de six tablettes, trois par le bas faicte à jour par treillis, pour facilliter la challeur, et les trois autres tablettes plaines, avec deux guichetz à chacune pour la fermetture d'icelle et enfoncez par le derriere, pour les deux ensemble. . . . . xxiiii l.

Serrurerie.

[Fol. 108.] A Estienne Doyart, maistre serrurier à Paris, par ordonnance du douziesme febvrier 1642, la somme de 800 livres pour son reste et parfaict payement de quatre mil cent cinquante cinq livres (4,155 l.), à quoy se sont trouvez monter et revenir les ouvrages de serrurerie et gros fer au poids par luy faicts, fournis et livré pour Sa Majesté à la construction des portes et ballustrades de fer de l'avant portail du donjon du dict chasteau de Fontainebleau, durant les années dernieres 1640 et 1641, particulièrement declarez es parties de ce faictes deuement veriffiées et arrestées par ledict sieur controlleur general le premier jour desdictz mois et an; et ce outre et pardessus 3,355 livres que ledict Doyart a cy devant receus sur lesdictz ouvrages, scavoir en l'année 1640, et 1,355 livres en l'année dernière 1641, cy . . . . viii^c l.

Desquelles parties la teneur ensuit.

. . . .

[Fol. 110.] [9 avril 1641.] Le dict jour et an, a esté livré les quatre panneaux d'ornemens garnis de leurs feuillages, enroullemens, chiffres ovales, pesant ensemble 349 livres, cy . . . . . iii^c xlix l. fer.

Ledict jour et an, a esté fourny et livré les deux grosses gasches des deux battans et la piece ou bat la grande porte avecq la gasche où fermera le verrouil, pesant ensemble 50 livres, cy . . l l. fer.

[Fol. 111.] Ledict jour et an, a esté fourny cinquante six ances de panier et vingt quatre fleurons pour lesdicts vanteaux, avecq tous les lians, pesant ensemble deux cens seize livres, cy . . ii^c xvi l. fer.

Ledict jour et an, a esté livré les quatre arcz bouttans pour lesdicts deux venteaux, pesant ensemble 73 livres, cy . . . LXXIII l. fer.

Les deux petites frizes des venteaux et la grande frize à deux paremens du dessus de ladicte porte, pesant ensemble 64 livres, cy. . . . . LXIIII l. fer.

Ledict jour et an, a esté livré le couronnement de dessus la grande frise avecq les trois fleurs, enroullemens, feuillages, lians, et le vaze d'où sort la grande imperialle, pesant ensemble deux cens quatre vingt huict livres, cy . . . . IIc IIIIxx VIII l. fer.

[Fol. 119 r°.] [Simon Benoist, me serrurier. Ordonnance du 22 octobre 1642.] Pour avoir faict et fourny une targette à panache, pollie à l'huille, à la porte du cabinet de Clorinde, pour ce . . . XV s.

[Fol. 120.] [Ordonnance du 22 octobre 1642.] Plus, pour avoir faict ung passe partout à deux pannettons et une clef à anneaux des locquets du dict chasteau pour mademoiselle Duboys, ensemble avoir faict une autre clef ouvrant les jardins pour la veuve Le Roux, demeurans soubz la grande gallerie, et encores une autre clef, aussy à anneau, ouvrant la grande chapelle, pour le sieur Bourdon, travaillant en icelle, pour ce. . . . . IIII l. X s.

[Fol. 124 v°.] [Ordonnance du 22 octobre 1642.] Plus, pour avoir restably la serrure de la premiere chambre en galletas du corps de logis attenant à la chambre des peinctures, faict un pesle neuf et trois clous à vix et rataché la serrure en place neufve, pour ce ensemble . . . . XXX s.

[Fol. 126 v°.] [Ordonnance du 22 octobre 1642.] Pour avoir faict et fourny six verges de vitres, de deux pieds et demy de long chacune, pour l'une des croisées du logement de madame Freminet, au logis de la Fontaine, pour ce à raison de cinq solz pour chacune verge . . . . XXX s.

[*Diminué à*]. XXIIII s.

[Fol. 135 v°.] [Jean Rossignol, serrurier à Fontainebleau. Ordonnance du 23 octobre 1642.] Plus, pour avoir faict et fourny deux gros marteaux pollis pour battre les boulles du Roy quand il veut jouer au mail, ensemble fourny quatre repoussoir aussy pollis pour emmancher et desmancher les mailz, pour ce . . . . X l.

[Fol. 138 v°.] [Ordonnance du 23 octobre 1642.] Plus, pour avoir ferré une porte neufve que l'on avoit faicte à la cloison de la petite chappelle d'Albrayt, pour faire passer monseigneur le cardinal de Richelieu en sa chambre, à cause de son indisposition, pour ce . . . . XII l.

[*Vitrerie.*]

[Fol. 147 r°.] [Claude Tissarant, me vitrier, demeurant à Fontainebleau. Ordonnance du 31 octobre 1642.] Plus, pour avoir remis en mesure quatre vieilz panneaux de verre provenant dudict magasin, et iceux posés à deux des croisées du logement de madame Freminet, au logis de la Fontaine, et fourny vingt huict pieces neufves, cy . . . . iiii panneaux en mesure et xviii losanges.

[Fol. 151 v°.] [Ordonnance du 31 octobre 1642.] Plus, pour avoir remis en mesure quatre panneaux provenants dudict magazin, à la croisée de la premiere chambre du pavillon de l'Aqueducq, où loge le sieur Franchine, et fourny vingt huict pieces neufves, cy. . . . . iiii panneaux en mesures et xxviii losanges.

Peinture.

[Fol. 154 v°.] A Jean Dubois, peintre, pour avoir fait et posé en place, dans le cadre du manteau de la cheminée de la chambre de la Royne, audict chasteau, ung grand tableau peint à huille sur thoille, contenant quatre pieds de demi de large sur sept pieds de hault, representant la Félicité par une figure grande comme le naturel, assize sur un trosne, tenant en la main droicte un caducée, ayant au dessus d'icelle figure un rideau attaché à des branches d'arbres qui sont derriere avec un paysage, le tout bien et deuement peinct et dessigné . . . . ii^c l.

[Fol. 155.] Audict Dubois, pour son paiement d'un tableau de quatorze pieds de hault et de huict pieds de large, peinct à huille sur thoille, par luy faict et posé dans la retable d'autel de la grande chappelle dudict chasteau, representant la très Saincte Trinité par une figure de Christ mort entre les bras de la Vierge Marie, accompagnée de Sainct Jean, des Maries et d'un ange, offrant les douleurs de son fils au Père, lequel est porté par les anges dans le ciel et le Sainct Esprit au dessus . . . . v^c l.

[Fol. 156 r°.] A Claude d'Hoey, peintre et vallet de chambre du Roy, par ordonnance du huict may, pour son remboursement de semblable somme par luy payée et advancée pour les ouvriers et peintres, doreurs et autres personnes qui ont vacqué et travaillé à la peincture, dorure et enrichissement du cadran de la Tour de l'Orloge, en la fassade dudict chasteau. . . . . cxx l.

[Fol. 157.] A esté donné trois couches de blancq de plomb à huille de noix pure partout ledict cadran, ensemble les enfans, festons, bordure, pillastres, lians et toutes les moullures de sculpture, avec la cimaise de gresserie, l'entablement et lais de charpenterie au dessus.

Plus, a esté couché deux fois de cendrée et de blanc de plomb le fonds dudict cadran, qui est sous le soleil, affin de le faire sortir dehors.

Plus, à la bordure qui contourne le cadran, a esté faict des oves à fond d'or et des sagettes au grand quart de rond, iceux retirez de terre d'ombre, affin qu'ilz parussent de rellief, ensemble doré la petite doussine qui est contre ledict grand quart de ronds, comme aussy doré l'astragal qui enferme les fonds du cadran et peinct de noir les lettres.

Plus, a esté couché d'or coulleur et doré d'or fin la couronne, les palmes et les lians des festons, avecq les tiges et bouttons d'où sortent lesdicts bouttons, ensemble aucunes des moullures qui sont aux pillastres avecq les anneaux.

[Fol. 161-162.] A esté payé au sieur d'Hoey, peintre, la somme de quarante cinq livres tournois pour avoir faict travailler et conduict les ouvriers cy dessus, faict les desseings et patrons des oves et eu soin de faire venir de Paris les estoffes, or et coulleurs dessus declarées et vacqué pour ce faire quinze journées entieres, qui est, à raison de soixante solz par jour, la somme de 45 livres, pour ce cy. XLV l.

[Fol. 165 r°.] [Claude d'Hoey, peintre.] Plus, avons trouvé avoir esté peinct et doré d'or mat à plat la bordure du tableau de la cheminée de la chambre de la Royne, représentant une Felicité, ladicte bordure contenant cinq thoises de pourtour, ce que nous avons prisé et estimé la somme de 40 livres, cy. . . . . XL l.

[Fol. 167-168.] A Louis Coubichon, peintre grisailleur, demeurant de present à Fontainebleau, par ordonnance du 27e octobre 1642, la somme de 4,994 l. 2 s. 6 d., pour son remboursement de semblable somme par luy payée et advancée pour le Roy, tant à plusieurs peintres, imprimeurs, broyeurs et autres personnes qui ont vacqué et travaillé à la journée à commancer les ouvrages de peinctures, grisailles, architectures et ornements que Sa Majesté a commandé estre faicts contre les murs, tremeaux et contour des formes et croisées du dedans de l'église qu'elle a faict bastir dans le bourg dudict Fontainebleau, à prendre depuis la cimaise et corniche de gresserie jusques en bas, au rez de chaussée de l'aire de ladicte église, mesme pour les oratoires, sacristies, de part et d'autre d'icelle, et ce oultre et pardessus les pareils ouvrages qui ont esté aussy faicts à la journée du Roy, es années dernieres, pour la voulte en lambris dudict lieu, que pour les achapts de coulleurs, huille, frais d'eschaffaudages et autres despences necessaires particullierement declarez au roole de ce faict, ce concistant en quarante huict semaines consequtives, la premiere commençant le lundy 18e novembre de l'année derniere 1641, et la derniere finissant le sabmedy 18e octobre, presente année 1642, deuement veriffié et arresté par ledict sieur controlleur general, le vingt quatriesme dudict mois d'octobre, cy. IIIIm IXc IIIIxx XIIII l. II s. VI d.

Peintres.

Louis Coubichon.	Claude Nivelon l'aisné.
David Bouzé.	Claude Nivelon le jeune.
Jean Barré.	Claude Bouzé.
Cézar Savoye.	Jean Lefevre.

Sculpture.

[Fol. 210 v°.] A Mathurin Testu, sculpteur, demeurant au dict Fontainebleau, par ordonnance du 27e aoust 1642, la somme de 36 livres pour son payement d'avoir taillé et insculpé en pierre de Saint Leu, provenant du magasin dudict chasteau, un grand armoirie de Sa Majesté, contenant deux pieds dix poulces de haut et deux pieds de large, ornée d'une couronne royalle et des ordres au pourtour, et icelle posée sur la porte de l'entrée du logis de la Chancellerie, deppendant dudict chasteau, le tout de marché verballement faict avec ledict Testu, cy. . . . . xxxvi l.

[Fol. 211 v°.] Audict Testu, par ordonnance du 6e novembre 1642, la somme de 227 livres pour son remboursement de semblable somme par luy payée et advancée pour le Roy, tant pour les journées des sculpteurs et picqueurs de grez, qui ont commencé à desgrossir et esbaucher les six vases de grez ornez de linges et festons que Sa Majesté a commandé estre faicts pour poser sur les pieds d'estauz de la ballustrade faicte de neuf à l'avant portail du donjon dudict chasteau, pour la decoration d'icelluy, avecq la fente des quartiers de grez, à la carriere du Mont Chauvet, dans la forest dudict Fontainebleau, cy. . . . . ii^c xxviii l.

Sculpteurs.

Mathurin Testu (40 sous par jour).

Nicolas Demaiziere (30 sous par jour).

[Fol. 216 v°.] A François Bourdonny, sculpteur ordinaire du Roy, par ordonnance du 5e aoust 1642, la somme de 1,000 livres tournois, pour premier payement et sur etantmoings des ouvrages de pavé de marbre en compartimens qu'il a faicts et continue faire, par commandement de Sa Majesté, pour deux des orattoires de la grande chapelle du chasteau de Fontainebleau, dont il sera payé suivant la prisée qui en sera faicte, l'ouvrage estant achevé, cy . . . . m l.

A luy, par ordonnance du 15e octobre 1642, la somme de 500 livres tournois, sur etantmoins desdictes ouvrages, outre et pardessus 1,000 livres qu'il a cy devant receus sur iceux, cy . . . . v^c l.

Audict François Bourdonny, la somme de 510 livres, par ordonnance du 5e mars 1643, pour reste et parfaict payement desdicts ouvrages de pavé de marbre pour les deux oratoires de la grande chapelle du chasteau de Fontainebleau, outre 1,500 livres qu'il a cy devant receus sur iceux, cy . . . . v^c x l.

Orfèvrerie.

[Fol. 217 v°.] A Louis Debonnaire, maistre orfevre, demeurant à Paris, la somme de quinze cens livres tournois, pour premier paiement et sur etantmoings de la valleur d'une lampe, trois paires de burettes et trois bassins à laver, le tout d'argent vermeil doré, qu'il doibt faire et fournir pour la chapelle basse du donjon dudict chasteau, cy . . . . xv^c l.

A Lequin, orfevre à Paris, pour son paiement d'avoir faict, fourny et livré huict flambeaux, deux esguieres couvertes et deux bassins à laver, le tout d'argent blancq, sur chacune desquelles pieces sont gravées les armes du Roy, pour servir aux ambassadeurs, princes estrangers, seigneurs et dames que Sa Majesté envoie journellement voir sa maison, par son commandement à ladicte conciergerie. . . . . XVII^c XL l. XVII s.

Horlogerie.

[Fol. 219 v°.] A Jean Legaigneur, m^e horloger à Paris, par ordonnance du 24e octobre 1642, la somme de 2,100 l. pour son reste et parfaict payement de 4,260 l., à quoy ont esté estimés les ouvrages d'horlogerie, machines, mouvemens et ornemens par luy faicts durant les années 1640 et 1641 pour la construction d'ung grand horloge à trois cadrans au dict chasteau [fol. 220] de Fontainebleau, declarés particulierement en la visitation, prisée et reception faicte des dicts ouvrages par Jean Barberé et David Margottin, m^es orlogiers audict Paris, expers à ce commis et deputés en la presence dudict sieur controlleur general, le 16e jour de novembre 1641, suivant les certifications desdicts jour et an, et ce oultre et par dessus 2,160 l. cy devant receus par ledict [fol. 220 v°] Legaigneur sur lesdicts ouvrages, scavoir 1,660 l. en l'année 1640 et 500 en la dicte année 1641, cy . . . . II^m C l.

Duquel acte de visitation, prisée et reception desdicts ouvrages la teneur ensuit :

Avons trouvé avoir esté faict et posé de neuf, dans la tour du clocher de la grande [fol. 221] chappelle du dict chasteau, un grand orloge contenans trois pieds neuf poulces de large et quatre pieds de hault, de telle force et suffisance pour sonner les heures et pour faire cheminer et conduire les mouvemens des trois cadrans cy après declarés, icelluy orloge garny de ses grandes roues de mouvemens, arbres et fuzées avecq une roue de remontoir, la roue du remontoir [fol. 221 v°] garnie de son arbre et lanterne, garnie d'un balancier et verge avecq les pottances du ballancier et cocq, plus la grande roue pour la sonnerie garnie de son cercle pour porter les chevilles et roulleaux de la basculle de la dicte sonnerie et lever le marteau, garnie aussy de la roue du remontoir et fuzées avec ses ressorts et clicquetz ; plus la roue du cercle qui est la seconde roue de sonnerie garnie de son cercle, arbre et lanterne ; plus l'arbre du moullinet garnie de sa lanterne et moullinet avecq [fol. 222] ses ressorts et rochet ; plus la roue de conte garnie de son arbre, molettes et lanterne qui servent pour faire cheminer ladicte roue de conte; plus la destente qui dessend du mouvement pour faire destendre la sonnerie aux heures quand elle veut sonner; plus les deuz grandes roues garnies de leurs croisées à huict branches, comme aussi la roue du remontoir, le tout de bon fer battu, les dentures limez, esgalles et le dict orloge bien [fol. 222 v°] et deuement façonné et travaillé sellon l'art, cheminant et travaillant comme il appartiendra.

Plus, avons trouvé avoir esté faict les mouvemens et autres pièces desdictz trois cadrans, aussy chascun separement comme il s'ensuit. Premierement, le cadran faict de neuf contre la tour proche le pavillon des armes en la façade de la court du Cheval Blanc, se trouve garny de sa roue de cadran contenant [fol. 223] deux pieds de diamètre, avecq son arbre pour porter l'esguille et huict thoises de verges qui respond de l'orloge au dict cadran, à l'un des bouts de laquelle verge est emboistée la lanterne qui faict cheminer la roue d'icelluy cadran. Et à l'autre bout est un mouvement et deux petites roues, qui respondent à l'orloge; plus le susdict cadran garny par devant de ses lettres de bronze qui ont chascune huict poulces de hault, la grosse jambe deuz poulces de large et l'autre jambe un poulce; les douze demies heures [fol. 223 v°] aussy de bronze, de grosseur à proportion; un soleil pareillement faict de bronze, chascun rayon ayant deux pieds et demy de longueur avecq douze boulles aussy de bronze, chacune de quatre poulces de diametre, l'esguille garnye d'une fleur de lys de fer pour monstrer les heures et l'aultre bout garny d'une L couronnée;

Plus, avons trouvé avoir esté aussy faict les mouvemens des deux aultres cadrans, scavoir l'un contre la cheminée du millieu de la gallerie [fol. 224] de François premier, en la fassade de la Court de la Fontaine et l'autre entre deuz lucarnes du corps de logis du donjon, au dessus de la chambre de madame d'Estampes, en la fassade de la Court, chacun garny de leurs roues de cadran de deux pieds de diametre avecq leurs arbres pour porter les esquilles des cadrans; et pour iceux faire cheminer a esté faict environ soixante thoises de verges, dix huict roues en arbres à icelles verges pour servir aux [fol. 224 v°] coudes et cheminées qui se trouvent depuis le susdict horloge jusques audict cadran de la Cour de la Fontaine et d'icelluy à l'autre cadran de ladicte Cour du donjon.

Lesquels deux cadrans nous avons aussy trouvez estoffés et faicts des matieres cy après declarées, c'est ascavoir celluy de la Court de la Fontaine garny d'un fonds de fer de six pieds quatre poulce de diametre, avecq ses lettres de bronze de six poulces de hault et de largeur convenable à proportion, les douze demies [fol. 225] heures de bronze, un soleil avecq les deux bordures qui enferment les lettres de latton doré à feu; au dessus dudict cadran a esté posé une teste de lyon de relief, portant deux pieds de diametre, qui porte deux boucles et un roulleau servant de forme de liasse à prendre le dict cadran : la dicte teste de lyon, boucles et roulleaux faictz de bronze dorez d'or mat. Au dessus de la dicte teste est posé le chiffre du Roy et de la Royne de relief, contenant ung pied [fol. 225 v°] et demy de hault, icelluy faict de fer doré d'or mat et par dessus une couronne de cuivre aussy de rellief dorée à feu, portant vingt poulces de diametre. Et au bas du dict cadran a esté faict deux grands linges pendantz avecq trois nœuds, scavoir deux aux costez et l'autre au millieu faicts de cuivre de rellief, avecq un fondz de fer au derriere. Plus a esté peint à huille trois fois le fonds du dict cadran, scavoir la premiere et seconde de blanc et gris et la troisiesme [fol. 226] de cendre, le fonds des lettres de blanc, les lettres et demies heures peintes de noir et les linges grisez.

Et pour l'autre cadran de la dicte Court du donjon, nous avons trouvé avoir aussy esté faict ung fonds de fer garny de lettres, demies heures, soleil et bordures de pareille estoffe et dorez comme celluy cy dessus au hault duquel sont posées deux grandes conssolles de fer, contenant chascune quatre à cinq pieds de longueur faisant forme de cuir ou [fol. 226 v°] entre deux est posé le chiffre du Roy et de la Royne entre deux palmes, le tout de fer doré d'or mat et la couronne de bronze dorée à feu ; et au dessoubs des susdictes consolles sortent deux linges de cuivre sur un fonds de fer avecq huict tulippes et huict boulles de fer, scavoir quatre de chascun costé ; ensemble a esté peint à huille comme dessus trois fois le fondz du dict cadran, dont la derniere de cendre, avec le fonds du chiffre, les lettres [fol. 227] et demies heures de noir, les linges, tulippes, boulles et consolles grisées.

Plus et oultre ce que dessus avons trouvé que lesdicts trois cadrans sont garnis de barres et pattes de fer pour soustenir les verges de cinq pieds en cinq pieds, ensemble plusieurs petites roues aussy de fer et une croisée à six branches tout d'une piece et traversée entre les douze demies heures pour porter et entretenir le fonds de chacun cadran, le tout se desmontant à vis et escrous.

[Fol. 227 v°.] Et après avoir exactement consideré les matieres, temps, industrie et labeur faicts et employez par le dict Legangneur pour faire lesdictes ouvrages tant du dict orloge que susdicts trois cadrans, machines et mouvemens d'iceux, le tout bien et deuement faict et curieusement ordonné, conduict et recherché, nous avons tous iceux ouvrages ensemble prisez et estimées valloir bien et loyaument en noz consciences le prix et somme de 4,260 l. tournois, eu esgards aux grands frais faicts par le dict Legangneur, [fol. 227 *bis*] tant pour les ports et voictures des materiaux, estoffes, outils et ustancilles qu'il luy a convenu faire porter de la ville de Paris audict Fontainebleau que despence de luy et de ses ouvriers à aller, venir et sejourner audict lieu, cy. . . . . IIII^m II^c LX l.

Somme totalle des ouvrages d'horlogerie [fol. 227 *bis* v°] payée en la despence du present estat . . . . II^m C l.

Parties extraordinaires.

[Fol. 251 v°.] A Mathurin Testu, sculpteur, demeurant à Fontainebleau, par ordonnance du 10e febvrier 1642, la somme de 30 l. pour son payement d'avoir faict une boulle de pierre de Saint-Leu de seize poulces de diametre et un vaze de deux pieds sept poulces de hault, compris le plainte de sa baze, et seize poulces de gros à l'endroict du corps du vaze, pour servir de modelle à faire ceux de pierre de gresserie que Sa Majesté a commandé estre faicts et posez sur les pieds d'estaux de la balustrade de fer de l'avant portail du donjon du dict chasteau, de prix verballement faict avec ledict Testu, cy. XXX l.

Gaiges d'officiers.

[Fol. 367 r°.] Au sieur d'Hoey ayant la charge, garde et conservation des peintures et vieils tableaux, pour les dicts trois quartiers. . . . . II^c LXX l.

Gaiges d'officiers.

[Fol. 368 v°.] Au sieur Francine ayant le soing et charge des fontaines du dict chasteau, pour ses gaiges de la dicte année entiere . . . . VII^c XX l.

Au sieur de la Vergne ayant le soin de faire les desseins dudict chasteau pour la dicte année entiere. . . . . XII^c l.

A la veuve du sieur Dubois, ayant le soin de la conservation des peintures faictes au dict chasteau par le dict deffunct, pour les dicts trois quartiers . . . . IX^c l.

[Fol. 370 r°.] A Nicolas Saincton, pour la conciergerie du pavillon de la fonderie faisant l'un des coings du grand jardin, pour les dicts trois quartiers . . . . CXII l. X s.

A Jean Saincton, estudiant en l'art de la peinture, pour la pension à luy accordée durant lesdicts trois quartiers . . . . CXII l. X s.

[Fol. 370 v°.] A Pierre Poisson, pour les menus entretenemens et nettoyemens des peintures des galleries des Cerfs et des Chevreuils, audit chasteau de Fontainebleau, et de celle des villes au chasteau neuf de Saint Germain en Laye, pour ses gages desdicts trois quartiers . . . . IIII^c L l.

Estats et appointemens.

[Fol. 571 r°.] A mondict seigneur de Noyers, cappitaine, surintendant et ordonnateur des bastimens du dict chasteau, pour ses estats et appoinctemens des dictes charges durant ladicte presente année 1642, suivant l'estat du Roy cy devant datté, la somme de 6,000 l., cy. vi[m] l.

Au dict seigneur, pour ses estats et appoinctemens à cause de sa charge de cappitaine et concierge du dict chasteau, suivant le susdict estat, la somme de 1,600 l., cy . . . . xvi[c] l.

[Fol. 372.] ***Abregé de la despence contenue au present estat pour la presente année 1642.***

Massonnerie	3,145 l.	19 s.	10 d.
Charpenterie	861 l.	» s.	» d.
Couverture	1,458 l.	» s.	» d.
Plomberie	585 l.	18 s.	» d.
Menuiserie	1,381 l.	18 s.	» d.
Serrurerie	1,828 l.	10 s.	» d.
Vitrerie	331 l.	11 s.	6 d.
Peinture	7,692 l.	16 s.	» d.
Sculpture	2,273 l.	» s.	» d.
Orfevrerie	3,240 l.	17 s.	» d.
Orlogerie	2,100 l.	» s.	» d.
Pavé de grez	207 l.	7 s.	6 d.
Jardiniers et espalliers	485 l.	10 s.	» d.
Parties extraordinaires.	8,505 l.	8 s.	8 d.
Achapt de meubles	3,348 l.	10 s.	» d.
Entretenemens ordinaires	1,742 l.	10 s.	» d.
Gages d'officiers	17,376 l.	8 s.	» d.
Appoinctemens de monseigneur de Noyers .	7,600 l.	» s.	» d.
Somme totalle du present estat par abregé.	64,140 l.	15 s.	9 d.

Nogent-le-Rotrou, imprimerie DAUPELEY-GOUVERNEUR.

Les tirages à part de la *Société de l'Histoire de Paris et de l'Ile-de-France* ne peuvent être mis en vente.